Alfonso el Sabio
y la «General estoria»

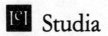 Studia

Letras e Ideas

Colección dirigida por
FRANCISCO RICO

FRANCISCO RICO

ALFONSO EL SABIO
Y LA «GENERAL ESTORIA»

TRES LECCIONES

EDICIÓN CORREGIDA Y AUMENTADA

EDITORIAL ARIEL, S. A.
BARCELONA

Primera edición: 1972
Segunda edición (corregida y aumentada):
abril 1984

© 1972 y 1984: Francisco Rico

Derechos exclusivos de edición en castellano
reservados para todo el mundo:
© 1984: Editorial Ariel, S. A.
Córcega, 270 - Barcelona-8

ISBN: 84 344 8376 9

Depósito legal: B. 12.448-1984

Impreso en España

*A Martín de Riquer
y José M. Blecua,
maestros.*

Tres tristes torsos —pues ni pueden ni quieren pasar de torsos— constituyen la magra sustancia de las presentes páginas. Ciertamente, parcial y provisional habrá de ser todo estudio de la *General estoria*, mientras no se concluya la edición iniciada por don Antonio G. Solalinde (I, Madrid, 1930) y continuada por Lloyd A. Kasten y Víctor R. B. Oelschläger (II, 1 y 2, Madrid, 1957 y 1961). Pero me temo que el lento paso de la publicación (comprensible, por la envergadura de la empresa) desaconseja además a críticos y eruditos prestar demasiada atención al *magnum opus* alfonsí, ante el peligro de quedarse con la miel en los labios, a falta de las cuatro partes inéditas, apenas desbrozado el terreno de las dos accesibles. Por lo menos, no cabe duda de que la *General estoria* es la Cenicienta entre las escasísimas obras de verdadera altura de las letras castellanas medievales: pocos en número y limitados en alcance son los trabajos que se le dedican últimamente, y minúscula la atención que recibe en libros de conjunto (apenas treinta líneas en una excelente y bien documentada *Literary History of Spain* que acaba de aparecer). En tales circunstancias, quizá pueda perdonárseme que saque a la luz los toscos apuntes que siguen, donde no he apurado ningún tema en particular, pero he pretendido indicar algunos esenciales para la comprensión del conjunto, y donde no he logrado llenar ninguna laguna, pero he aspirado a mostrar que sí las hay en nuestro conocimiento de la *General estoria*. Si la insuficiencia de mis esbozos promueve monografías cabales que los desmientan o los enmienden; si —sobre todo— hace sentir la urgencia de editar ya la totalidad del texto alfonsí, podré darme con un canto en los dientes. Créaseme que no es convencional *captatio beneuolentiae* expresar el deseo de ver pronto anticuado este tomito. He bautizado «lecciones» a los tres capitulillos que lo forman, no porque yo sea capaz de dárselas a nadie.*, sino porque en buena medida he echado mano de la técnica de la «lectio» medieval: llamar la atención sobre ciertos pasajes y añadirles una glosa mejor o peor pergeñada. Como pocos se animan a apechugar con los gruesos volúmenes de nuestra crónica, he procurado ser generoso en las citas (a las que he añadido puntuación y acentuación, aunque no siempre seguras). Por brevedad, y en la óptima

---

* Testigos los estudiantes de la Universidad Autónoma de Madrid ante quienes expuse lo sustancial del presente volumen, atendiendo a la gentil invitación de don Fernando Lázaro Carreter.

compañía de doña María Rosa Lida, a menudo «designo con el nombre de "Alfonso" a los autores de la *General estoria*»; pero también atiendo a rastrear en varios puntos la intervención directa del Rey. Soy el primero en reconocer lo inadecuado de mi estilo: por desgracia, ahora mismo no tengo otro.**

*Sant Cugat del Vallès,
septiembre y octubre de 1971*

** Debo agradecer a Diego Catalán una atenta lectura de mi original (ya en prensa), de la que resultó buen número de valiosas correcciones y sugerencias.

LA «GENERAL ESTORIA»:
GÉNERO Y GÉNESIS

La tradición de la historia universal

«Laudate Dominum..., reges terrae et omnes populi» (Salmos, CXLVIII, 7, 11). El Dios de los cristianos no era una divinidad más en un Panteón nacional: «unus et solus verus», era el Dios de todos los reyes de la tierra y de los pueblos todos. Creador de cuanto existe, cuanto existe proclama la gloria del Señor («caeli enarrant gloriam Dei», Salmos, XVIII, 2), como obra y testimonio de Dios. Y en Él se realiza en última instancia la unidad de la especie humana: por referencia a Él quedan abolidas la raza, la patria y la ciudad. No puede sorprendernos, pues —R. G. Collingwood lo apuntó con admirable tino [1]—, la

1. R. G. Collingwood, *The Idea of History*, Oxford, 1946, página 41. Las páginas que Collingwood dedica a la historiografía cristiana de los orígenes y la Edad Media (46-56) contienen todavía interpretaciones acertadísimas. A mi propósito actual, puede verse también, por ejemplo, É. Gilson, *El espíritu de la filosofía medieval*, Buenos Aires, 1952, págs. 352-368, cap. XIX; C. A. Patrides, *The Phoenix and the Ladder*, Berkeley y Los Ángeles, 1964, y K. Löwith, *Weltgeschichte und Heilsgeschehen*, Stuttgart, 1953, *passim*; J. Taylor, *The «Uni-*

honda simpatía que el pensamiento cristiano hubo de sentir por la historia universal. El género apenas tentó a los intelectuales clásicos; demasiado fieles a la experiencia individual, demasiado apegados a los asuntos nacionales y a la interpretación más doméstica del concepto de οἰχουμένη, en buena medida estaban faltos de un aglutinante eficaz para dar coherencia a una amplia visión histórica del universo. El propio Polibio no sólo mantuvo al mundo clásico como omnipotente centro de gravedad, sino que también necesitó forjar, por encima del variopinto enjambre de diosecillos menores, una entidad, Tique, capaz de prestar un sentido unitario a la selva de sucesos narrados (I, IV, 1). Y justamente Tique (o la Fortuna), en tal contexto, está a un paso de la Pronea estoica [2] (la Pronea del estoicismo cosmopolita característico del helenismo) y, por ahí, se acerca a

---

versal Chronicle» of Ranulf Higden, Oxford, 1966, págs. 33-50. Para la etapa posterior, con buenas indicaciones sobre la Edad Media, A. Klemp, *Die Säkularisierung der universalhistorischen Auffassung*, Gotinga, 1960.

2. Cf. M. L. W. Laistner, *The Greater Roman Historians*, Berkeley y Los Ángeles, 1947, págs. 19-20. Vid. también J. S. Lasso de la Vega, en M. F. Galiano *et al.*, *El concepto del hombre en la antigua Grecia*, Madrid, 1951, págs. 102 sigs. Casi es inútil advertir que atiendo sólo a algunos rasgos intelectuales especialmente significativos y perdurables en la trayectoria de la historiografía universal; un estudio monográfico (aún por realizar) debiera tomar en cuenta muchos otros factores: v. gr., habría que insistir en cómo la vocación cosmopolita del estoicismo y el cristianismo hallaba terreno abonado en la coyuntura política y social del mundo helenístico.

la Providencia cristiana. Pero el Dios de ambos Testamentos se ofrecía sin más como fuente de inspiración y punto de convergencia de la historia, que, por ello mismo, marchaba casi ineludiblemente hacia un contenido universal. En efecto, todo cuanto ha ocurrido y ocurre —o simplemente existe— forma parte del plan divino y atestigua la acción del Señor. La historia de raíz verdaderamente cristiana, así, abarca la tierra entera y se abre con la primera manifestación del obrar de Dios. Nada, por otra parte, puede resultarle extraño: para ella, incluso la naturaleza es historia, historia sagrada.

La Antigüedad clásica, por boca de los «philosophi mundi huius», había concebido el tiempo humano como un ir y venir de ciclos, un perpetuo retorno de las mismas cosas («circuitus temporum», escribía San Agustín, *De civitate Dei*, XII, XIII, 1). Pero la nueva mentalidad debía adoptar muy otras convicciones, dependiendo como dependía de un dato capital: «*Semel* enim Christus mortuus est pro peccatis nostris; resurgens autem a mortuis, iam non moritur» (*ib.*, XII, XIII, 2). Cristo murió *una sola vez* y no ha de volver a morir. La singularidad del hecho tenía que agudizar la conciencia histórica, hacer patente el carácter único e irrepetible de todo otro acaecer [3], que quedaba, por ende, en la perspectiva (cronológica y espiri-

---

3. Véanse las importantes observaciones de J. A. Maravall, *Antiguos y modernos. La idea de progreso en el desarrollo inicial de una sociedad*, Madrid, 1966, págs. 139, 158-160, etc.

tual) de la Redención. Si el Salvador tenía una fecha, todo podía y debía datarse. En general, el tiempo pide un antes y un después: «Quod enim fit in tempore, et post aliquod fit, et ante aliquod tempus» (*id.*, XI, VI). Y Jesús ha fijado una línea a que nadie puede ser ajeno; en el curso de la historia se perciben ahora dos etapas limpiamente subrayadas: antes de Cristo y después de Cristo.

Era cuestión de empezar: tras dividir en dos, la tendencia natural llevaba a subdividir[4]. La historia se reparte (sin quebrarse) en épocas o períodos de características mejor o peor definidas, marcados a uno y otro extremo por este o aquel evento memorable. Las dos etapas esenciales, por caso, se convierten en tres muy fácilmente. Basta recordar el pacto de Dios con Moisés, anuncio y aun adelanto de la buena nueva de Cristo, y se descubrirá un triple orden de «temporum intervalla»: antes de la ley (mosaica), bajo la ley y bajo la gracia. «Nam fuit primitus ante legem; secundo sub lege, quae data est per Moysen; deinde sub gratia, quae revelata est per primum Mediatoris adventum» (San Agustín, *Enchiridion,* CXVIII). O bien, puesto que el trabajo de la Creación se extendió a lo largo de seis días y la vida del hombre se escinde en seis etapas, ¿por qué no han de reconocerse también seis edades en la historia de la humanidad? Así lo afirmó San Agustín (especialmente en el *De Genesi contra*

---

4. Cf. R. G. Collingwood, *op. cit.,* pág. 50.

Manichaeos, I, XXIII, 35-43) y así lo sustentó con tenacidad la Edad Media, en tanto la correspondencia se adecuaba perfectamente a la visión de un cosmos resuelto en analogías de toda especie (cf. abajo, págs. 80, 127). Dos, tres, seis períodos... Poco importaba el número, y cabía incluso combinar diversas pautas. Lo decisivo era que la venida de Jesús abría una nueva página y que, con ella, la cronología ganaba un valor hasta entonces inédito: asignar una fecha a un hombre o a un suceso equivalía a ponerlo a la luz del plan divino, de la revelación de Dios en el tiempo humano con que se identificaba la historia [5].

Pero hay más. Si Cristo dividía los tiempos a lo largo, igualmente Él y la senda que llevaba a Él los dividían a lo ancho. Desde siempre, en lo trascendente, la humanidad se ha partido en dos linajes: uno vive «secundum hominem» y, antes de Jesús, se encarna fundamentalmente en los pueblos gentiles; otro vive «secundum Deum» y, hasta la llegada del Mesías, se confunde en particular con Israel. San Agustín llamó a tales

5. No se olvide, por otra parte, el importante papel desempeñado por el milenarismo en el pensamiento cristiano primitivo; Creación, Redención y Fin del mundo eran los jalones esenciales en el curso de la humanidad: jalones bien relacionados entre sí, que daban a la cronología una importancia capital. Vid. además A. Momigliano, «Pagan and Christian Historiography in the Fourth Century A. D.», en *The Conflict between Paganism and Christianity in the Fourth Century,* Oxford, 1963, págs. 83-87; R. A. Markus, *Saeculum: History and Society in the Theology of Saint Augustine,* Cambridge, 1970, págs. 1-21.

linajes «ciudad terrena» y «ciudad de Dios» («civitates..., hoc est... societates hominum», XV, I, 1); y, sabiéndolos mezclados en el mundo, los separó en la perspectiva escatológica, enderezándolos al reino eterno o al eterno tormento (*ibid.*). La formulación agustiniana fue originalísima, por supuesto; pero en esencia la idea era tan antigua como el cristianismo, y sus implicaciones historiográficas se habían dejado sentir mucho antes del *De civitate Dei*. Es fácil comprender por qué. Por un lado, la mezcla de los dos linajes humanos, en la tierra, pedía un enfoque conjunto y un marco universal; la referencia común (pero con distinto signo) a Cristo y al destino último de las dos ciudades exigía también una consideración unitaria. Por otra parte, mezcla no significaba confusión, y al historiador cristiano no le era dado olvidar que unas veces se enfrentaba con el error y otras se hallaba ante la verdad: sus páginas albergaban una polaridad y se estructuraban forzosamente según un esquema dual.

Unidad y dualidad no pueden ya estar más claras en las *Crónicas* (221) de Julio Africano: ahí, en una minuciosa secuencia cronológica que arranca de la Creación (y quisiera llegar al fin de los tiempos), se concuerdan tanto como se oponen, a doble columna, hitos bíblicos y sucesos gentiles. Tal concordancia y tal oposición, realzadísimas mediante el recurso a las columnas paralelas, se afianzan decisivamente, casi un siglo después, con los *Cánones crónicos* de Eusebio de Cesarea (hacia el año 303). La Edad Media conoció tan sólo la segunda parte del libro —los *Cánones* propiamente dichos—, traducida, ampliada y puesta al día (hasta el 378) por San Jerónimo. La versión latina se abre con unos catálogos genealógicos de reyes y emperadores («Regum series») que reaparecerán, más o menos refundidos y completados, en incontables anales y cronicones medievales. Luego, los *Cánones* criban el sincronismo de la historia sagrada y la historia profana a lo largo de cinco edades cuyos límites combinan ya los grandes momentos de una y otra «ciudad» (la primera edad: de Abraham a Troya; la cuarta: de Darío a la Pasión). Una cronología seguida, desde Abraham, va trenzándose con otras parciales, de acuerdo con los años de los reinados y los calendarios de los diversos pueblos [6]. No se crea ver ahí un mero propósito de datación exhaustiva. Las ristras de números podrían antojársenos un vano alarde de erudición, pero rebosan de sentido, pese al laconismo propio de unas tablas sinópticas. Pues sucede que la cronología se ha potenciado como arma polémica. En efecto, incidiendo en un camino ya frecuentado por los primeros apologistas, Eusebio y Jerónimo aspiran a demos-

6. Cf. F. Finegan, *Handbook of Biblical Chronology. Principles of Time Reckoning in the Ancient World*, etc., Princeton, 1964, págs. 147-187. Para la tradición de los cánones es básico Giuseppe Billanovich, *Un nuovo esempio delle scoperte e delle letture del Petrarca: L'«Eusebio-Girolamo-Pseudoprospero»*, Krefeld, 1954.

trar que la cultura judía es más antigua que cualquier otra y que, por lo mismo, la ejecutoria de nobleza del cristianismo es también harto más ilustre. La doctrina de Evémero, que reducía el Panteón de la mitología clásica a un cortejo de héroes, sabios y soberanos divinizados por la admiración popular, había tenido una entusiasta recepción en las filas cristianas [7]. Con la base evemerista, así, los *Cánones* pretendían establecer el *floruit* de los dioses antiguos: situarlos a tal o cual altura de los tiempos equivalía a denunciarlos como mortales. No es de extrañar, pues, que las tablas de Eusebio y Jerónimo fueran un instrumento precioso para dar forma a más de un libro *De civitate Dei* en que San Agustín se encrespa con especial brío frente a las divinidades grecolatinas, así como para orquestar el concierto de desgracias de todos los pueblos que Orosio compuso *Adversum paganos*.

Pues bien, es obvio que la historiografía universal en la Edad Media europea no puede disociarse de la fortuna de los *Cánones crónicos*. Pero quizá resulte paradójico, a primera vista, que los continuadores directos de Eusebio y Jerónimo abrieran una vía importante hacia el cultivo de la historiografía nacional, por lo menos en His-

7.   La mejor presentación breve del origen y resonancia del evemerismo sigue hallándose en J. Seznec, *The Survival of the Pagan Gods,* Nueva York, 1961, págs. 11-15; últimamente, debe verse D. Cameron Allen, *Misteriously Meant. The Rediscovery of Pagan Symbolism and Allegorical Interpretation in the Renaissance,* Baltimore, 1970, págs. 53-61.

pania. El gallego Hidacio, así, toma los *Cánones* en el punto en que San Jerónimo dejó la pluma y los lleva hasta el año 469. El vasto plan de aquéllos, sin embargo, se achica forzosamente en las páginas del *Chronicon* que quisiera ponerlos *up to date*. El Imperio se ha quebrado, las noticias no locales escasean [8] y, en la Península, el enfrentamiento de romanos y godos da relieve a sucesos que se hubieran postergado de contar con una información más amplia. El resultado es que los materiales hispanos (más de una vez fechados por la *aera* peculiar) crecen extraordinariamente en la obra de Hidacio, en la misma medida en que disminuyen los de Pirineos afuera.

Y la situación se acusa cuando van superándose las diferencias entre indígenas e invasores y se abre paso un nacionalismo de nuevo cuño. «Post Eusebium Caesariensis ecclesiae episcopum, Hieronymum toto orbe presbiterum, nec non et Prosperum [de Aquitania], atque Victorem Tunnennensis ecclesiae Africanae episcopum», Juan de Bíclaro, obispo de Gerona, prolonga los *Cánones* hasta finales del siglo vi [9]. Mas, si se compara su apéndice con los de Próspero y Víctor de Tunnuna, pronto se echa de ver que la proporción de datos nacionales ha aumentado en forma notabilísima. «El mundo histórico, tal como lo

8. Insiste en ello ahora E. A. Thompson, *Los godos en España*, Madrid, 1971, pág. 34.
9. Hay edición reciente, de J. Campos, Sch. P., *Juan de Bíclaro, obispo de Gerona. Su vida y su obra*, Madrid, 1960; lo citado, en la pág. 77.

concibe Juan, es [...] distinto del de las Crónicas anteriores; prescinde de la antigua unidad, para mostrar dos centros extremos de interés: al Oriente, el Imperio de los *Romanos* de Constantinopla; al Occidente, el reino de los *Godos* de España; por lo demás, los Persas, los Longobardos o los Sarracenos sólo son nombrados como enemigos del Imperio, y los Francos sólo aparecen como enemigos de los Godos. En consecuencia, la cronología va ordenada por los años de los emperadores; pero al lado se expresa siempre el año del rey godo correspondiente. La [...] grieta entre la España de Hidacio y el Imperio se ha ensanchado» [10], si no «hasta la separación completa», sí hasta el punto de provocar una tensión peligrosa entre el universalismo de los *Cánones* y el espíritu harto provinciano de la actualización del Biclarense.

San Isidoro sin duda se dio perfecta cuenta de semejante tensión y advirtió que se imponía repensar a la altura de los tiempos el planteamiento de la labor historiográfica. En vez de producir criaturas híbridas —hubo de pensar—, más valía deslindar los terrenos y conceder a cada uno un tratamiento peculiar. De tal modo, reserva para la *Historia Gothorum* (provista de apéndices en torno a vándalos y suevos) la información sobre

10. Cito a don Ramón Menéndez Pidal, *Historia de España,* III, Madrid, 1940, pág. XXIV, suprimiendo un adverbio y un adjetivo que me parecen excesivos aplicados al proyecto historiográfico de Hidacio y Juan, aunque puedan ser exactos en el contexto de don Ramón.

la Hispania contemporánea y sobre la genealogía de sus nuevos señores; y en la *Crónica* mayor (luego compendiada en las *Etimologías,* V, XXXVIII-XXXIX) [11] ofrece una historia universal con cronología corrida, desde Adán, a la que superpone las seis edades agustinianas. En esta, Julio Africano, Eusebio y sus continuadores son objeto de síntesis y, en más de un sentido, de mejora: la unificación cronológica, así, refuerza la perspectiva ecuménica; en ocasiones asoma la observación personal; el epílogo contiene una fina reflexión sobre la consumación del tiempo en el mundo y en el hombre. Figuras y hechos de la Biblia, de la mitología y del mundo antiguo aparecen relacionados por la datación, pero discriminados por la estructura sintáctica y por la disposición desnudamente analística (a personaje nuevo, a cambio de época, nueva oración o cambio de párrafo). Claro que se trata de un libro demasiado apretado, «nimia breuitate collectum» [12]. Mas lo compensa el buen orden de la exposición, la riqueza de pormenores curiosos (sobre grandes caudillos —digamos—, inventores de artes y oficios, héroes y sabios de leyenda...), la adecuada proporción entre noticias universales y nacionales.

11. Vid. L. Vázquez de Parga, «Notas sobre la obra histórica de San Isidoro», en *Isidoriana,* ed. M. C. Díaz y Díaz, León, 1961, págs. 99-105.

12. Según se reconoce en el prólogo, *MGH, Chronica minora,* II, pág. 424, y subraya San Braulio, *apud* C. H. Lynch, *San Braulio, obispo de Zaragoza (631-651),* Madrid, 1950, página 358.

Las entradas referentes a la Península, en efecto, son las suficientes para hacer justicia al papel de Hispania en el concierto de los pueblos, sin traicionar el criterio selectivo que preside la *Crónica* ni el vasto diseño propio del género. Y, a su vez, la *Historia Gothorum* sitúa bien la posición de los protagonistas en el ámbito universal, sin invadir dominios historiográficos ajenos. El *Loor de España* con que se abre la obra [13] certifica que Isidoro pretende escribir una historia nacional, pese a ceñirse a los avatares de los godos, y, como quien «sabe bien lo que en la nueva edad del Occidente significa el germanismo, confunde la historia de España con la del "antiquísimo pueblo" emigrante introducido en ella por Ataúlfo» [14]. Es, pues, confusión consciente (un pacto, si se quiere) y operada, en su momento, por razones bien comprensibles [15]. Pasada la borrachera goticista del temprano siglo VII, sin embargo, se echará en falta una relación cabal del pretérito de esa morada geográfica que el *Laus Hispaniae* celebra a beneficio de sólo una facción de las gentes que

13. Cf. recientemente J. Madoz, *San Isidoro de Sevilla*, León, 1960, págs. 29-33; I. Rodríguez, «Cántico de San Isidoro a España», y J. Jiménez Delgado, «El "laus Hispaniæ" en dos importantes códices españoles», en *Helmántica*, XII (1961), páginas 177-259; otras referencias en F. Rico, «Aristoteles Hispanus: En torno a Gil de Zamora, Petrarca y Juan de Mena», en *Italia medioevale e umanistica*, X (1967), pág. 143, n. 1.

14. R. Menéndez Pidal, *op. cit.*, pág. XXXV.

15. Baste remitir a la notable presentación de J. Vicens Vives, *Aproximación a la historia de España*, Barcelona, 1960², páginas 58-60.

la han habitado, y no habrá otro remedio que recurrir a las crónicas universales. Pero, ya sin el fino discernir y el talento de Isidoro para la síntesis, se volverá con mayor o menor acierto a la vía de Hidacio y el Biclarense, se incidirá en el compendio más elemental y falto de mesura o se caerá en la compilación tosca de cuantos materiales se tienen a mano. En la Edad Media, a grandes rasgos, la historia quedará como el alma de Garibay, entre el cielo y la tierra. La historia nacional pecará de excesivos preliminares universales; la historia universal, de provincianas conclusiones nacionales [16]. Cada historiador querrá ser él y sus antecesores de toda suerte; y, por ahí, la historia universal concebida en tiempo de los Padres cristianos seguirá siendo el germen poco menos que de cualquier manifestación historiográfica. Veámoslo en unos cuantos casos peninsulares.

¿Es lícito considerar «epítome histórico universal» [17] a la parva *Crónica Albeldense,* escrita en Oviedo en 881 (y adicionada dos años después) [18], o vale más tratarla de historia nacional?

16. Cf. B. Sánchez Alonso, *Historia de la historiografía española,* I (Madrid, 1947), págs. 95-96; R. B. Tate, *Ensayos sobre la historiografía peninsular del siglo XV,* Madrid, 1970, páginas 14-15.

17. R. Menéndez Pidal, «La historiografía medieval sobre Alfonso II», en *Miscelánea histórico-literaria,* Madrid, 1952, página 47.

18. Vid. en general C. Sánchez-Albornoz, *Investigaciones sobre historiografía hispana medieval (siglos VIII al XII),* Buenos Aires, 1967, págs. 19-96.

No se nos impone una determinada respuesta. Cierto que el autor atiende particularmente a la escena española y concede la parte del león al Imperio, los godos, los reyes cristianos de la Reconquista y los invasores sarracenos. Pero no lo es menos que la noticia sobre los árabes, por ejemplo, se remonta a Sara, Agar e Ismael; que a los godos se los entronca con Gog y Magog, y que el *Ordo romanorum regum* extracta la *Crónica* de Isidoro manteniendo muchos de los materiales enteramente ajenos al dominio ibérico. Con todo, da igual de qué lado se venza el fiel, mientras se repare en el desequilibrio y en los dos platillos en juego. En la *Albeldense* importa ver cómo las primeras muestras de la historiografía astur-leonesa, aparecen en la órbita de influencia de la vieja historia universal [19]. En tal perspectiva están es-

19. Una línea de sucesión interesante se había abierto muchos años antes de Alfonso III y merece aquí una rápida mención. En efecto, el autor (verosímilmente, un levantino) de la *Crónica de 741* pergeña una continuación de Juan de Bíclaro (no de San Isidoro, como propuso Mommsen) donde las fuentes bizantinas y árabes se unen a parvos extractos del Obispo de Sevilla, para formar un conjunto mejor proporcionado de lo que suele pensarse cuando se examina únicamente desde el punto de vista nacional, y no en la tradición que parte de los *Cánones*. Y la fortuna de la obra ilustra también la trayectoria hispana de la historiografía universal. En efecto, la *continuatio* de 741 fue utilizada, catorce años después, por un clérigo toledano que aspiraba a prolongar la *Crónica* isidoriana «con criterios más amplios y anecdóticos» (M. C. Díaz y Díaz, «Isidoro en la Edad Media hispana», *Isidoriana*, pág. 360), con particular atención a Bizancio y al-Andalus, y con un hincapié en las cosas de España muy natural pero no siempre acorde con

pecialmente los capítulos preliminares, repertorio de informaciones y *mirabilia* geográficas *(Ex-
quisitio totius mundi, De septem miraculis mundi)*, guías cronológicas *(Ordo annorum, De sex
aetatibus)* y otros complementos que el autor
debió considerar útiles para la comprensión del
conjunto. Curiosamente se prefigura ahí un modo
de proceder alfonsí: la utilización de diversos saberes al servicio de la historia. Mas en la *Crónica
Albeldense* nos interesa ahora señalar el forcejeo
del enfoque nacional con el enfoque universal y
la incapacidad de delimitar los terrenos correspondientes a uno y a otro.

Tal incapacidad podría relacionarse con el singular destino de la Península —encrucijada de
múltiples pueblos, cada uno con larga ejecutoria
más allá de la Piel de Toro—, si no se documen-
taran análogas vacilaciones en toda la Europa

---

el espíritu de su modelo. Esa *Crónica de 754* fue aprovechada
en las últimas décadas del siglo XI por otro mozárabe de Toledo, que en la llamada *Crónica Pseudo Isidoriana* (la edición
de A. Benito Vidal, Valencia, 1961, no sustituye a la clásica
de Mommsen) combina sus materiales con otros espigados en
Eusebio y su descendencia, componiendo un epítome de historia hispana muy generoso para con las noticias no peninsulares, ya sean genealogías bíblicas, orígenes de Roma o datos
sobre el Imperio. Así, hay primero un movimiento de diástole
y sístole: en el escritor de 741, la perspectiva universal se
dilata, respecto al Biclarense, en la medida que permitían los
tiempos; en el de 754, se contrae, en relación a Isidoro. Luego,
el cronista del siglo XI recurre a los *Cánones,* Isidoro, Juan
de Bíclaro, y presenta una historia nacional con antecedentes
y contexto universales bastante detenidos.

medieval. Lógicamente, la indeterminación se acusa en las formas historiográficas menos elaboradas, como son las sujetas al patrón de los anales y de las genealogías. Buen ejemplo es el *Liber Regum,* compuesto en romance navarro entre 1196 y 1209, y «constituido por una historia genealógica universal, sagrada (genealogía de Adán a Cristo) y profana (sucesión regia en los imperios persa, griego y romano, hasta Eraclius y Mahoma), más unas genealogías de los reyes godos y asturianos (hasta Alfonso II), de los jueces, condes y reyes de Castilla, de los reyes de Francia, y del Cid»[20]. El común denominador de todo ello y la moraleja implícita de la obra pueden compendiarse en una convicción: «non est enim potestas nisi a Deo» (Romanos, XIII, 1). Pero, antes que cualquier tesis, en el *Liber regum* se refleja la antigua concepción de la historia como un conjunto coherente, sin piezas sueltas. No sorprenderá, así, que la *Crónica general de España de 1344,* al inspirarse sustancialmente en una refundición del *Liber Regum* y abrirse con una silva de noticias universales, complete la información del texto navarro con un abundante uso de los *Cánones crónicos:* es una comprensible vuelta a las fuentes[21].

20. Diego Catalán, ed., *Crónica general de España de 1344,* I (Madrid, 1970), pág. LIII.
21. Un gran especialista, L. F. Lindley Cintra, ed., *Crónica geral de Espanha de 1344,* I (Lisboa, 1951), págs. CDXV-CDXIX, cree hallar en el trabajo del Conde de Barcelos una cierta huella del universalismo de Alfonso el Sabio; pienso que las presentes páginas dejarán claro por qué el diseño de la *Crónica*

O consideremos la *Crónica de Alfonso III* [22], de la penúltima década del siglo IX. La obra se presenta como una *Chronica Visegothorum*, continuación de la *Historia Gothorum* isidoriana, de Bamba a Ordoño I. Sin duda lo es; pero *no es sólo eso*. En efecto, el estudio de la tradición textual deja fuera de duda que la *Crónica de Alfonso III* circuló formando cuerpo con los *Cánones* de Eusebio y Jerónimo, las actualizaciones de Próspero, Víctor y Juan de Bíclaro, la *Crónica* y la *Historia* de Isidoro, la *Crónica de 741* y seguramente alguna otra pieza (verbigracia, un *Laterculus regum Visigothorum* y la *Historia Wambae* de Julián de Toledo) [23]. Restaurada en ese contexto, y aunque en su materialidad pueda juzgársela «de tipo meramente nacional, no mixto, como la *Albeldense*» [24] o el *Liber Regum,* la *Crónica* resulta ser un simple apéndice a una compilación de historia universal. Y la línea de avance, naturalmente, no

---

de 1344 me parece una regresión a la manera prealfonsina o, en todo caso, a los aspectos menos innovadores de la obra de Alfonso X.

22. Los textos de la recensiones Rotense y *ad Sebastianum* se han reunido en un volumen al cuidado de A. Ubieto Arteta, Valencia, 1971², que no dispensa de las ediciones de Z. García Villada y M. Gómez Moreno.

23. Vid. los importantes estudios de M. C. Díaz y Díaz, «La transmisión textual del Biclarense», en *Analecta Sacra Tarraconensia,* XXXV (1962), págs. 66-68, y «La circulation des manuscrits dans la Péninsule Ibérique du VIIIᵉ au XIᵉ siècle», en *Cahiers de civilisation médiévale,* XII (1969), página 229.

24. B. Sánchez Alonso, obra citada, pág. 107.

se detiene ahí: el fragmento patrocinado por Alfonso III es a su vez objeto de continuaciones o pasa a integrarse en reelaboraciones de algún *corpus* historiográfico parejo al que él mismo prolonga; reelaboraciones (así en Pelayo de Oviedo o la *Crónica Najerense*) que ofrecen una última parte más o menos original, pero sienten la necesidad de partir «ab exordio mundi» y de un panorama de toda la humanidad. Se explica que el interés del estudioso moderno recaiga sobre esa conclusión de contenido nuevo [25]; sin embargo, para hacer justicia al autor y a la época, conviene no perder de vista que está integrada en un contexto más amplio.

Es que todo abonaba semejante proceder. El ideal de autoridad y de tradición pesa decisivamente en la Edad Media. La religión, por ejemplo, se centra en la creencia en una progresiva revelación de Dios (Creación, Ley de Moisés, Redención, Iglesia...), en una transmisión legítima de la potestad sacerdotal y en una infalibilidad de la doctrina acumulada, a lo largo de los siglos, por los Padres y el magisterio ordinario que interpreta la Escritura. La sangre y la herencia son las fuentes mayores del poder político y económico. En la literatura docta es esencial el modo en que la obra nueva se liga a la antigua a través de la

---

25. Así, tanto B. Sánchez Alonso, ed., *Crónica del obispo don Pelayo*, Madrid, 1924, como A. Ubieto Arteta, ed., *Crónica Najerense*, Valencia, 1966, publican únicamente la porción final de las obras en cuestión.

imitatio de los *auctores*. La etimología, que comprende las realidades presentes por el escrutinio de sus orígenes (reales o supuestos) [26], es una verdadera forma de pensamiento [27], y no sólo en lo lingüístico: no en balde la enciclopedia más popular del período consiste en un manual de etimologías.

Por ahí y por muchos otros caminos, la mentalidad medieval está habituada a inquirir los principios de las cosas y a subrayar las continuidades. En España, las obvias dimensiones religiosas de la Reconquista hubieron de reforzar la conciencia de que los azares de la Península entraban especialmente en la «historia sagrada» del mundo, es decir, en la realización universal de los planes de Dios: «cum eis [con los sarracenos] Christiani die noctuque bella iniunt et quotidie conflingunt, dum *predestinatio* usque *divina* dehinc eos expelli crudeliter iubeat», escribe la *Crónica Albeldense* [28]; y la *Historia Silense* se siente constreñida a poner la invasión árabe en línea con la aparición del paganismo, el arrianismo final de Constantino y la misma herejía de los godos [29].

26. «Nam ut videris unde ortum est nomen, citius vim eius intellegis», Isidoro, *Etimologías*, I, xxix, 2.
27. Vid. É. Gilson, *Les idées et les lettres*, París, 1955², páginas 164-169, y, últimamente, R. Klinck, *Die lateinische Etymologie des Mittelalters*, Munich, 1970 (*Medium Aevum, Philologische Studien*, 17).
28. *Crónica Albeldense*, ed. M. Gómez Moreno, en *BRAH*, C (1932), pág. 601.
29. Cf. F. Rico, «Las letras latinas del siglo xii en Galicia, León y Castilla», *Ábaco*, 2 (1969), págs. 78-79.

La lucha contra el moro, por otro lado, se dejaba entender como el esfuerzo por restablecer precisamente una continuidad rota y obligaba a volver la vista atrás, a un ámbito nacional que se ofrecía a la vez como inicio y como meta.

De ahí, en parte, la notable fortuna de las formas historiográficas mixtas, con copiosos antecedentes universales y apéndices hispanos más o menos desarrollados. De ahí, también parcialmente, que sea en el arcaizante reino de León, sede de una vigorosa convicción neogótica (de acuerdo con la cual la monarquía leonesa entronca sin quiebro con la corona visigoda) [30], donde se produce la obra maestra de ese género híbrido: el *Chronicon mundi* (1236), de don Lucas de Tuy. Entra en una dialéctica bien familiar que el intento más serio de desembarazar la historia española del lastre universal se realizara en la innovadora Castilla. Cierto, en la *Historia de rebus Hispaniae* (1243, 1246), don Rodrigo Jiménez de Rada, arzobispo de Toledo, aligera notablemente los acostumbrados preliminares bíblicos e imperiales —manteniendo el énfasis en la trayectoria prehispana de los godos—, para encerrarse ya más decididamente en el solar de la Península. Pero el hábito de enfrentar en la historia la narración de los avatares de diversos pueblos, el prurito «etimológico» y la tradición cronística pre-

---

30.   En general, vid. J. A. Maravall, *El concepto de España en la Edad Media,* Madrid, 1964[2], págs. 299 sigs.

cedente son todavía demasiado fuertes; y el Toledano dedica un tercio de la obra a las visicitudes peninsulares y extrapeninsulares de romanos, bárbaros y árabes. Lo hace en forma de excursos finales, y el cuerpo del libro sin duda gana en unidad y rigor de método. Con todo, un examen detenido de la obra prueba que no se ha conjurado aún por completo el fantasma de la vieja historiografía universal. Y hay más: el propio don Rodrigo, al parecer, elaboró una versión refundida del *Chronicon Pontificum et Imperatorum Romanorum* de Gilberto, y, en cualquier caso, ese *remaniement* acompaña a muy antiguos y autorizados manuscritos de la *Historia de rebus Hispaniae,* más de una vez unida también a una *Divisio orbis tripartita* y aun a la crónica de Martín Polono [31]. ¿Proyectó o favoreció el Toledano la inclusión de tales obras, a modo de complemento, en los códices de su trabajo? Por lo menos cabe afirmar que no rompían el diseño del conjunto, antes se ajustaban singularmente al espíritu de buena parte del libro, de los preliminares a los apéndices sobre latinos, bárbaros y musulmanes, a través de las secciones «de origine et primis actibus Gothorum». No resultaba fácil, bien se ve, olvidar el ámbito ecuménico, καθολικός, dibujado por los primeros historiadores cristianos.

31. Referencias bibliográficas en D. Catalán, «El *Toledano romanzado* y las *Estorias del fecho de los godos* del siglo xv», en *Estudios dedicados a J. H. Herriot,* Universidad de Wisconsin, 1966, págs 12-14.

LA «ESTORIA DE ESPAÑA» Y LA «GENERAL ESTORIA»

Eran necesarias las desangeladas páginas que anteceden para situar en la debida perspectiva la labor historiográfica de Alfonso el Sabio. Antes de subir al trono, en 1250, Alfonso ya se ocupaba «in cronicis»[1]; pero tal interés sólo parece haber cuajado en forma memorable unos veinte años después, en el segundo y más importante período de su actividad literaria[2]. Hacia 1270, en efecto, el Rey pone manos a la obra en una ambiciosa y nueva historia nacional. «Mandamos ayuntar —dice— quantos libros pudimos auer de istorias en que alguna cosa contassen de los fechos d'Espanna [...], et compusiemos este libro de todos

1. Vid. Guillermo Pérez de la Calzada, «Rithmi de Iulia Romula seu Ispalensi Urbe (a. 1250)», ed. D. Catalán y J. Gil, en *AEM*, V (1968), pág. 549.
2. Para la división en dos épocas (1250-1260, 1269-1284), cf. el fundamental estudio de G. Menéndez Pidal, «Cómo trabajaron las escuelas alfonsíes», en *NRFH*, V (1951), páginas 363-380.

los fechos que fallar se pudieron della, desdel
tiempo de Noé fasta este nuestro» (pág. 4 a)[3].

El propósito, pues, era rastrear en las fuentes
todas las noticias relativas a la Península y abrir
la *Estoria de España* con la primera de ellas. Tal
precisión nos permite apreciar al punto un par de
diferencias esenciales del proyecto alfonsí respecto
al *Chronicon* del Tudense y la *Historia* del Toledano: frente al obispo de Tuy, que partía de la
Creación y abarcaba la tierra entera, se preten-
den aislar ahora los materiales que tocan directamente a la morada ibérica; frente al arzobispo
de Toledo, va a concederse atención minuciosa a
la edad pregótica. Y frente a uno y otro se ensan-
cha considerablemente el marco de lo hispano,
hasta extenderlo en verdad de mar a mar: «Ca
esta nuestra estoria de las Españas general la le-
vamos Nós de todos los reyes della et de todos
los sus fechos que acaescieron en el tiempo passa-
do et de los que acaescen en el tiempo present en
que agora somos, tan bien de moros como de cristianos et aun de judiós —si ý acaesciesse en
qué—, et otrossí de los miraglos de Nuestro Sen-

3. *Primera crónica general de España,* ed. R. Menéndez Pidal, Madrid, 1955. Sobre la relación de la *Estoria de España*
y la *Primera crónica general* (su mejor representante), así como
sobre todos los problemas de ambas, marcan época los trabajos
de Diego Catalán, que tengo muy presente en cuanto sigue;
vid. en particular *De Alfonso X al Conde de Barcelos. Cuatro
estudios sobre el nacimiento de la historiografía romance en
Castilla y Portugal,* Madrid, 1962, y «El taller historiográfico
alfonsí. Métodos y problemas en el trabajo compilatorio», en
Romania, LXXXIX (1963), págs. 354-375.

nor Dios quando y acaescieron et quando acaesçieren en el tiempo que es de uenir» (pág. 653).

La amplitud de miras en la determinación de lo español, así, iba a conciliarse con una rigurosa concentración en la geografía peninsular. Pero hay que conceder que la última parte de dicho plan no llegó a cumplirse satisfactoriamente. Por enésima vez se interpuso la tradición de la historiografía universal, para desviar hacia un mar más vasto el cauce hispano de las aguas. No pienso, desde luego, en las no raras explicaciones sobre personas o cosas foráneas relacionadas con España, en las referencias ocasionales a sucesos de importancia general, ni en las sistemáticas alusiones a la cronología del Papado, el Imperio y el reino de Francia. Todo ello es perfectamente oportuno y no rompe en absoluto las proporciones. No atiendo a eso. Reparo más bien en algún hecho tan saliente como el que sigue: de los 616 capítulos que Alfonso dio por válidos, 341 se dedican a la historia de Roma, y entre ellos son inmensa mayoría los «relatos que originariamente nada tienen que ver con [Hispania]»[4]. Y precisamente esa extensa sección (no voy a detenerme en otros pormenores) se pliega notablemente al esquema y los datos de los *Cánones crónicos...*[5]

4.   R. Menéndez Pidal, *Primera crónica general,* pág. XXXVII, aunque disiento del llorado maestro en la interpretación del hecho.
5.   Basta repasar el registro de fuentes en la magna edición de Menéndez Pidal.

La *Estoria de España*, pues, no supera plenamente la tensión que hemos venido registrando entre la historia nacional y la historia universal: ésta se cuela desmesuradamente por la parte antigua, como tantas veces desde siglos atrás. La conciencia de tal desajuste [6] y la insatisfacción consiguiente pudieron ser parte a decidir al Rey a abandonar la redacción de la obra. Efectivamente, los materiales básicos de la *Estoria* (sobre todo, la versión del Toledano), reunidos y aun revisados por Alfonso antes de 1271, no recibieron una elaboración definitiva sino hasta el capítulo 616, que seguramente estaba ya compuesto en abril de 1274 [7]. Entre 1270 (año en que se documentan labores previas a la ejecución del libro) y 1274, por tanto, se desistió de completar la *Estoria de España*. Y creo que es fácil comprender por qué, si, como todo parece indicar, se acepta que el designio de escribirla nació casi simultáneamen-

6.   A veces patente en confesiones por el estilo de la que cierra un pasaje sobre Hércules: «Mas porque esto non conuiene a los fechos d'España, dexamos de fablar dello», etc. (página 10 *b*); a veces reflejada en «menciones inútiles de España» (R. Menéndez Pidal, *ibidem*), cuando no vienen al caso, en un frustrado intento de dar coherencia al conjunto.

7.   En el capítulo 538 hay una omisión que de ningún modo se hubiera tolerado en tal fecha (cf. A. Ballesteros Beretta, *Alfonso X el Sabio*, Barcelona-Murcia, 1963, págs. 687-690; D. Catalán, «El *Toledano romanzado*...», págs. 53-55); y ese capítulo está ya muy cerca del punto en que se interrumpió la copia del texto revisado (cf. D. Catalán, *De Alfonso X al Conde de Barcelos*, págs. 48-49); toda esa parte debió darse por buena de una sola vez.

te a otro empeño todavía mayor: la compilación de una gigantesca historia universal. En ella, en la *General estoria,* el soberano aspiraba a narrar «todos los fechos sennalados, tan bien de las estorias de la Biblia como de las otras grandes cosas que acahesçieron por el mundo, desde que fue començado fastal nuestro tiempo» (I, pág. 3 *b*), incluyendo, por supuesto, a «todos los reyes d'Espanna [...] fasta el tiempo que yo comencé a regnar» [8]. La doble empresa alfonsí tiene toda la apariencia de haber sido una puesta al día y un perfeccionamiento de la idea isidoriana, según los criterios de exhaustividad propios de la época: por un lado, una historia nacional, pero ya no identificada con la del pueblo godo; por otra parte, una historia universal, pero llevada hasta el momento de la redacción y con tanto hincapié en lo peninsular como en lo forastero. Pero, en marcha uno y otro libro, el rey hubo de advertir que la *Estoria de España* se desbordaba hasta adquirir ímpetu de crónica universal (como se echa de ver en los centenares de capítulos sobre el Imperio Romano), en tanto la escala a que había sido concebida la *General estoria* permitía acoger en sus páginas la materia hispana. De tal forma, la *General estoria* contenía y anulaba a la *Estoria*

8. Según se señala en la Sexta parte, *apud* A. G. Solalinde, prólogo a I, pág. xxiii, n. 2, con referencia explícita al período que en ella iba a tratarse: «desde el tiempo en que Joachín casó con Ana et que Hoctauiano Çesar començó a regnar fasta el tiempo que yo comencé a regnar».

de España: y Alfonso olvidó ésta y se concentró en aquélla.

Veamos algunos hechos que justifican semejante interpretación. En febrero de 1270, el monarca toma en préstamo a la colegiata de Albelda y a Santa María de Nájera una veintena de códices que sin duda necesita para sus trabajos [9]. Los más pudieron servir tanto para la historia universal como para la nacional, pero hay alguno (así la *Tebaida* de Estacio) que únicamente cabía utilizar en la *General estoria*. Es lícito deducir, por lo mismo, que el proyecto de ambas obras surgió en un solo impulso (o, por lo menos, en fechas muy próximas, pues se acumulaban fuentes para la Segunda parte de la *General estoria* al par que para el arranque de la *Estoria de España*). La redacción de la crónica nacional debió iniciarse en primer término, porque muy al principio de la *General estoria* se cita «la nuestra *Estoria de España*» a propósito de los hunos, es decir, a propósito de un tema tratado en el capítulo 401 del libro en cuestión [10]. Ello implica que la *General estoria* se empezó antes de abril de 1274 [11], cuan-

9. Cf. A. G. Solalinde, *ibid.*, pág. XXIII, n. 1; A. Ballesteros, *Alfonso X*, pág. 498; D. Catalán, *De Alfonso X al Conde de Barcelos*, págs. 19-23.

10. Todas las menciones de la *Estoria de España* en la *General estoria* se hallan comprimidas en I, págs. 57-58, y todas remiten a pasajes que sabemos alcanzaron una versión definitiva, anteriores al capítulo 616.

11. Muy probablemente, antes, también, de 1273, si se acepta la datación que para un pasaje de la Primera parte

do aún no se había postergado la *Estoria de España,* sino que se pensaba proseguirla a la vez que la historia universal. Cierto: en ella, por ejemplo, se escribe que «este nombre [de Esperia] duró e dura aún en esta nuestra tierra quanto en el latín, mas desque uino el rey Espánn púsol nombre "Espanna" del su nombre dél, assí como lo auemos Nós departido en la nuestra *Estoria de Espanna,* en el comienço, e lo departiremos aún en esta en su logar adelante». Ahora bien, más allá de la página donde se hace tal advertencia —muy al principio, repito, de la *General estoria*— no vuelve a hallarse ninguna mención de la *Estoria de España.* Al contrario: cuando llega el momento de cumplir la promesa de «departir» las gestas del rey Espán, la Segunda parte de la historia universal recoge un dato que de ningún modo se habría excluido de la crónica nacional, si no se la hubiera abandonado tiempo atrás [12].

---

propongo más abajo, págs. 104-110; y aun pienso que es más fácil que la redacción se iniciara en 1270-1271 que en 1272-1273; cf. la nota 14.

12.   En la *Estoria de España* se cuenta que Espán pobló «la cibdat a que agora llaman Segouia, e púsol este nombre porque fue poblada cab una penna que dizién Gouia, e allí fizo muy marauillosa obra pora adozir ell agua a la cibdat, assí cuemo oy día parece» (pág. 11 *a*); la *General estoria* escribe que el mismo personaje mítico «fizo ý [en Segovia] aquella puente que es ý agora —por do viniese el agua a la villa—, que se yua ya destruyendo, e el rey don Alfonso fízola refazer e adobar, que viniese el agua por ella a la villa commo solía, ca auía ya grand tiempo que non venié por ý» (II, 2, pág. 35 *a*).

Cuánto tiempo atrás, no puedo precisarlo: sabemos que la *Estoria de España* se había dejado de lado antes de 1274 y que la Cuarta parte de la *General estoria* circulaba ya en 1280 [13]. Entre esa fecha y la muerte del Rey (1284), posiblemente se escribieron las partes Quinta y Sexta, últimas que conocemos, si bien parcialmente [14]. Pero a mi

---

No he sido capaz de fijar la fecha en que Alfonso mandó restaurar el Acueducto (noticia, en cuanto alcanzo, ignorada por los especialistas), y es bien de lamentar, porque ella nos proporcionaría otro término *ante quem* para la *Estoria de España* y el único *post quem* indudable para la Segunda parte de la *General estoria*. Entre 1270 y 1280, el período más largo que el Rey pasó en Segovia parece corresponder al verano de 1278 (de mediados de mayo al 29 de setiembre, por lo menos), época en que celebró Cortes e hizo varios privilegios a la ciudad y al cabildo (A. Ballesteros, obra citada, págs. 852-856, 1114-1115); quizá fue por entonces cuando se ocupó en «refazer e adobar» el monumento. También cabe que acometiera la empresa durante su estancia en junio de 1273 (cf. *ibid.*, páginas 660, 1103), pero, a falta de otros datos, es inútil especular sobre el particular.

13. Cf. A. G. Solalinde, pról. a I, pág. XXII, n. 2, y G. Menéndez Pidal, «Los manuscritos de las *Cantigas*», en *Boletín de la Real Academia de la Historia,* CL (1962), págs. 49-50.

14. A. Ballesteros, obra citada, pág. 502, afirma que «el año 1283, el anterior a su fallecimiento, [Alfonso] trabajaba en la composición de la *General estoria*»; pero no aduce ninguna prueba al respecto. Nótese que el ritmo de la redacción parece haber sido bastante regular: alrededor de diez años para las cuatro primeras partes; algo más de tres para la Quinta y el fragmento de la Sexta. Uno se siente tentado a deducir que cada parte llevaría unos dos años largos. El pasaje de la Primera parte que mejor se presta a una datación no contradice esa sospecha, pues debe de ser la primera mitad de 1273: cf. abajo, págs. 104-110.

propósito actual sólo importa que en el decenio
de los setenta Alfonso el Sabio se desentendió de
la *Estoria de España* a beneficio de la *General
estoria* [15].

15. Cf. también abajo, pág. 57, n. 23.

¿Una biblia historial?

Así, en Alfonso X, la historia universal acaba por triunfar sobre la historia nacional, en un episodio mayor en los revueltos caminos de ambas modalidades. Porque la *General estoria* es sin duda una «historia universal», cuya armazón se ajusta a los *Cánones crónicos,* en tanto los materiales que la completan proceden de cuantas fuentes tiene el Rey al alcance. No me satisfacen los intentos de explicar la obra en la perspectiva de otro género, y aun me pregunto si no responden a un error de óptica. Como es sabido, conocemos hoy poco más de una treintena de manuscritos del *magnum opus* alfonsí. Con ellos podemos reconstruir íntegramente las partes Primera, Segunda y Cuarta, y parcialmente la Tercera y la Quinta; de la Sexta sólo nos queda un fragmento inicial, cortado abruptamente al llegar a los padres de la Virgen [1]. Quiere ello decir que el período

1. Vid. A. G. Solalinde, *op. cit.,* pág. xi. *La grant crónica de Espanya,* de Juan Fernández de Heredia, menciona «los .VII. libros de la *General Ystoria* que el rey don Alfonso

cronológico abarcado en la *General estoria* tal como se conserva coincide esencialmente con el del Antiguo Testamento. Y por ahí [2] pudo surgir la idea de definir la crónica universal de Alfonso como «una biblia historial, esto es, una narración basada en la historia sagrada con intercalación de noticias referentes a otros pueblos» [3].

El marbete de «biblia historial» suele aplicarse por excelencia a la *Historia scholastica*, de Pedro Coméstor [4], y extenderse a sus adaptaciones (más o menos fieles) en lengua vulgar, y en pri-

[...] compiló» (ed. R. af Geijerstam, *Libros I-II,* Upsala, 1964, página 141); sin duda se alude ahí al conjunto formado por las seis partes de la *General estoria* y la *Primera crónica general,* como prueban los fragmentos del prólogo de ésta que se utilizan en el contexto de tal cita y los copiosos pasajes de aquélla aprovechados más adelante.

2. También marcó huella en los estudios posteriores el hecho de que la primera monografía importante sobre la *General estoria* formara parte de un trabajo sobre «Les Bibles castillanes», en *Romania,* XXVIII (1899), págs. 359-385; su autor, el insigne Samuel Berger, con todo, indicaba que nuestra obra «est beaucoup moins une Bible et beaucoup plus une histoire universelle que la Bible historiale, qui a eu tant de succès en France» (pág. 361).

3. M. R. Lida de Malkiel, «Josefo en la *General estoria*», en *Hispanic Studies in Honour of I. González Llubera,* Oxford, 1959, pág. 165: es trabajo fundamental, aunque no puedo seguirlo en el detalle en cuestión. De la misma señora Lida de Malkiel (que escribió muchas y excelentes páginas sobre nuestra obra, en diversos lugares) debe verse en particular «La *General estoria:* notas literarias y filológicas», en *Romance Philology,* XII (1958-1959), págs. 111-142, y XIII (1959-1960), páginas 1-30 (para el punto debatido, XII, págs. 111-112).

4. Cf. últimamente S. R. Daly, «Peter Comestor: Master of Histories», en *Speculum,* XXXII (1957), págs. 62-73.

mer término a la francesa de Guyart des Moulins [5]. Coméstor pretendía (y logró) dar un resumen de la parte histórica de la Escritura, provisto de comentarios que aclararan el sentido literal de los pasajes menos llanos. En bastantes capítulos, la narración bíblica lleva un mínimo apéndice de *incidentia,* o enumeración de figuras y hechos mitológicos y profanos coetáneos. Era sin duda un trabajo muy útil para guiar a los principiantes, casi ahogados en el océano de estudios escriturísticos que produjo la Edad Media [6]; y, convertido en libro de texto, conoció una inmensa fortuna. Desde luego, no le faltó eco en España (vale la pena señalarlo, aun con datos provisionales, para apuntar ya la singularidad de la *General estoria*). En las huellas de Coméstor, en efecto, don Rodrigo Jiménez de Rada compuso un *Breviarium historiae catholicae,* de la Creación a la Redención [7]. La propia *Historia scholastica* se tradujo al portugués, abreviada y monda de *incidentia,* en los mismos

5. Vid. ahora *Grundriss der romanischen Literaturen des Mittelalters,* ed. H. R. Jauss y E. Köhler, VI, I (Heidelberg, 1968), pág. 30, y II (1970), pág. 60.

6. Léase el prólogo de Coméstor, *PL,* CXCVIII, col. 1053-1054.

7. «Aliam quoque *Catholicam historiam* ingenti volumine composuit, incipiens a mundi creatione usque ad adventum Spiritus Sancti et Evangelii predicationem, quæ Compluti in Bibliotheca collegii maioris S. Ildephonsi inedita asservatur» (*PP. Toletanorum quotquot extant opera,* III [Madrid, 1793], página XXIII); el manuscrito para hoy en la Biblioteca Provincial de Toledo (Borbón-Lorenzana, 54-57).

días de Alfonso el Sabio [8]. Y, a través de una
magra secuela provenzal, llegó a ser leída en catalán [9].

Pero ¿cabe considerar a la *General estoria* descendiente de Coméstor al mismo título que esos
derivados peninsulares? De ningún modo. Obviamente, para la parte bíblica de su obra Alfonso
usó largo a «maestre Pedro»: en él aprende a
anotar pormenores de la Escritura (palabras, personas, *realia*...), a conciliar discrepancias, a añadir complementos legendarios, etc., etc.[10] No podía
ser de otra manera. En la Edad Media, la Biblia
iba siempre de la mano con la «tradición», que
en el siglo XIII había llegado a cifrarse en la *Historia scholastica* y en la *Glossa ordinaria* [11]: la una

8. *Biblia medieval portuguêsa*, I: *Historias d'abreviado Testamento Velho, segundo o Meestre das Historias Scolasticas*,
ed. S. da Silva Neto, Río de Janeiro, 1958.
9. *Compendi historial de la Biblia que ab lo titol de Genesi de Scriptura trelladá del provençal a la llengua catalana
Mossen Guillem Serra en l'any MCCCCLI*, ed. M. V. Amer,
Barcelona, 1873; sobre el texto provenzal, *Grundriss* citado,
VI, II, pág. 68. Naturalmente, menciono sólo algunas obras
en que la *Historia scholastica* se hace presente como fuente
estructural: otra cosa sería seguir las abundantes huellas de
Coméstor en la Edad Media peninsular (Lucas de Tuy, Eixi-
menis, Vicente Ferrer, *Cancionero de Baena*, Marqués de Santillana, *Invencionario*, etc., etc.).
10. Vid. el excelente examen de Sister Francis Gormly,
S. N. D., *The Use of the Bible in Representative Works of
Medieval Spanish Literature, 1250-1300*, Washington, 1962,
páginas 32-39.
11. Alfonso la emplea casi tan abundantemente como a
Coméstor, aunque lo disimule el citar al autor aducido en la
Glossa antes que a la propia *Glossa* o incluso, a menudo, en

y las otras andaban tan emparejadas en la *lectio divina,* que más de una vez se rompieron las fronteras [12], y, si la *Glossa* se interlineaba en el texto sagrado, la *Historia* parecía formar con él una unidad [13]. Y, al habérselas con el relato bíblico, los compiladores alfonsíes se atuvieron a los usos corrientes y concedieron a Coméstor la misma importancia que tenía en las aulas donde ellos se habían acercado al Libro. Mas eso no significa que la *Historia scholastica* sea «guía inmediata» [14] para el conjunto de la *General estoria,* ni que, por tanto, sea lícito tratar a esta de «biblia histo-

---

vez de ella. El uso continuo y combinado de la *Glossa* y la *Historia scholastica* se echa de ver perfectamente, por ejemplo, en San Vicente Ferrer (*Sermons,* ed. J. Sanchis Sivera, I [Barcelona, 1932], págs. 79-80: «E açò diu expressament lo mestre de les ystòries, Scomestor […] Diu la Glosa...», etc.).

12. Como más frecuentemente aún se rompían entre los *auctores* clásicos y los comentarios que los acompañaban (para Alfonso, cf. sólo M. R. Lida de Malkiel, *RPh,* XII, páginas 114-115). El hábito medieval de leer los grandes textos con escolios o comentos seguidos es clave del modo alfonsí de «traducir» o aprovechar las fuentes; cf. abajo, págs. 167 sigs., y varias importantes observaciones de Margherita Morreale, «La fraseología bíblica en la *General estoria*», en *Linguistic and Literary Studies in Honor of H. A. Hatzfeld,* Washington, 1964, págs. 269-278.

13. Es significativa la equiparación que se lee en D. Rodríguez de Almela, *Valerio de las Estorias Escolásticas,* Murcia, 1487, «Prólogo»: «dime a leer en las estorias de la Sacra Escriptura, principalmente en la Blivia e en el libro de las *Estorias escolásticas*...»

14. M. R. Lida de Malkiel, «Josefo en la *General estoria*», página 165.

rial». Las diferencias abultan demasiado. Veamos las principales.

Coméstor (o tal vez su adicionador Pedro de Poitiers, si realmente el manuscrito primitivo sólo llegaba a los Evangelios) cierra la *Historia scholastica* con la muerte de San Pedro y San Pablo, en coincidencia básica con los Hechos de los Apóstoles. Frente a ello, Alfonso anuncia el propósito de abarcar «todos los fechos sennalados, tan bien de las estorias de la Biblia como de las otras grandes cosas que acahesçieron por el mundo, *desde que fue començado fastal nuestro tiempo*» (I, página 3 *b*). Tal confesión, que no puede menos de evocarnos el preámbulo de las *Metamorfosis* (I, 3-4: «ab origine mundi ad mea [...] tempora»), fija un marco cronológico perfectamente acorde con la tradición de la historiografía universal en la Edad Media, pero, según es obvio, incompatible con los límites definitorios de la «*biblia* historial». Y no se trata de una promesa aislada y sin meditar. De la primera a las últimas páginas conservadas, el Rey insiste en su deseo de tratar materias muy lejanas del período bíblico. Explícitamente, así, remite a una época a que la *Historia* de Coméstor, por definición, no podía extenderse: «como vos contaremos adelante en las razones de la quinta e de la sexta edad» (I, página 57 *b*); o asegura que se ocupará de «todos los reyes d'Espanna [...] *fasta el tiempo que yo comencé a regnar*» (I, pág. XXIII, n. 2).

De puro evidente, no hace falta detenerse más

en el rasgo diferencial. Tan sólo conviene recordar que el exhaustivo planteamiento diacrónico de Alfonso es solidario de un universalismo sincrónico ajeno a «maestre Pedro», la razón de ser de cuya obra estaba en la sujeción a la Escritura, en tanto los parvísimos datos sobre los gentiles («de historiis [...] ethnicorum») eran enteramente prescindibles sin traición al objetivo primordial. Por supuesto, en la porción conocida (y no hay medio de saber hasta qué punto se redactaron «las razones [...] de la sexta edad», vale decir, de Cristo en adelante), la *General estoria* necesariamente debía tomar la Biblia como eje del relato y concederle gran atención. Para quien quería empezar *ab ovo*, ¿dónde sino en el Antiguo Testamento cabía hallar una base histórica y cronológica fidedigna? Eusebio y Jerónimo habían construido los *Cánones* sobre la espina dorsal de la datación bíblica, superponiendo a ella, desmenuzadas, las varias cronologías particulares; e Isidoro había unificado el sistema de fechación, reduciéndolo a los años del mundo según la *hebraica ueritas*. En ambos casos, el hilo conductor lo proporcionaba la Escritura; y al cronista medieval no le era dado buscar otro. No había pueblo, además, de que se conociera tal caudal de noticias seguidas como del hebreo; y también por ahí, así, los libros sagrados se imponían como primera fuente histórica. En fin, para un autor del siglo XIII, particularmente atento a rastrear la revelación de Dios en el tiempo, la Biblia contaba una historia de importancia muy superior a cualquier otra y, por consiguiente, se ofrecía como forzoso punto de partida: no adoptarlo habría significado una inconcebible ruptura de toda jerarquía. ¿Y cabe imaginar, por caso, que la *Summa Theologica* se abriera tratando del hombre (y no «De sacra doctrina»)?

En la parte antigua, una crónica universal de la época ineludiblemente tenía que proceder como lo hizo la *General estoria:* «Nós en tod este libro [I, xi, correspondiente a las mocedades de Moises, al principio del Exodo][15] la estoria de la Biblia auemos por áruol, a que acordamos de nos tornar toda uía como a linna, cada que acabamos las razones de los gentiles, que contamos en medio» (I, pág. 288 *a*). De tal explicación no cabe concluir en absoluto que «estamos [...] ante una biblia historial [...] fiel al modelo del género»[16], sino ante una historia del mundo anterior a Cristo. Al contrario, Pedro Coméstor no intercala las diversas referencias a los gentiles «en medio» del relato bíblico, sino que las acumula, dejándolas en los puros huesos, al final de algunos capítulos; no desgrana los datos profanos uno por uno y los interpola en el correspondiente nivel cronológico de la historia sagrada, al modo alfonsí, sino que los relega en bloque a una sección de *incidentia*

15. En efecto, «este libro» alude sólo a esa división de la Primera parte, no al conjunto de la obra (como se ha creído), que se designa regularmente «esta *Estoria*».
16. *Romance Philology,* XII, pág. 111.

que puede corresponder a otro amplio y variado bloque escriturístico. Ya hemos visto que para Alfonso lo importante es consignar «*todos* los fechos sennalados», ya sean bíblicos o no («*tan bien* de las estorias de la Biblia *como* de las otras grandes cosas...»). Pero aún debe añadirse que llega a insinuar una cierta contrariedad («maguer que...») por no poder realizar íntegramente su propósito, supuesto que la principal cantera de información, la Escritura, es más unilateral de lo que el Rey quisiera: «Las tierras e las yentes de que la nuestra Biblia, del Uieio o del Nueuo Testamento, fabla mayormientre que de otras, son aquellas que ouieron uezindades e contiendas con el pueblo de Israel; e *maguer que* ['aunque'] *nós ayamos a coraçón de fablar en esta* Estoria *de toda tierra e de toda yent e de todo fecho que acaesca,* peró, diremos mayormientre daquello de que la Biblia fabla» (I, pág. 383 *b*). ¿Habrá que subrayar que tales planteamientos serían imposibles en la *Historia scholastica*?

Es inexacto afirmar, por otro lado, que «de la compilación de Pedro Coméstor deriva inmediatamente la inserción de la gran mayoría de las noticias extrabíblicas» registradas por la *General estoria;* y aún responde menos a la realidad explicar que si en la Segunda parte (última publicada) «es considerablemente más alta [que en la Primera] la proporción de los insertos mitológicos, ello se debe a que en la *Historia scholastica* es considerablemente más alta la proporción de los *inci-*

dentia correspondientes a los libros de Josué y Jueces que la de los correspondientes al Pentateuco»[17]. Para empezar, los *incidentia* de Coméstor no pasan de una compendiosa selección de Eusebio y Jerónimo. Y basta un ligero conocimiento de los métodos alfonsíes para sospechar que, teniendo ambos textos al alcance, el Rey no iba a servirse del extracto, sino de la fuente más rica y precisa: los *Cánones crónicos*.

El cotejo confirma en seguida tal suposición. Veámoslo en un caso muy claro, a propósito del citado libro de Josué. Tras resumirlo y exponerlo, Coméstor recoge en unas pocas líneas (diez, en la *Patrologia Latina*) apenas media docena de *incidentia* protagonizados por Erictonio, Busiris, Fénix y Cadmo, Europa y Júpiter, Dánao (col. 1272), y sin excepción procedentes de los *Cánones*. Frente a ello, «en medio» de «las razones» de Josué (II, 1, págs. 3-124), Alfonso trata con mayor o menor extensión (entre unos renglones y muchas páginas, según la información que posea) de Busiris, Japis[18] de Creta, Hermes, «la yent de los cimiris», el rapto de Europa por Júpiter, Cadmo y Fénix, los orígenes de Troya, Latona, Asterio, Erictonio, Dánao, Vozeses (*i.e.*, Vesozes), los es-

---

17. *Ibidem,* págs. 111-112. El error proviene de Solalinde, prólogo a I, pág. XIII. Corrijo aquí alguna inexactitud que imprimí en *Romance Philology,* XXIV (1970-1971), págs. 217-218.

18. Mantengo las formas de la *General estoria.* Unos manuscritos de los *Cánones* traen «Japis», mientras otros, correctamente, leen «Lapis».

citas, las amazonas y otros muchos personajes y lugares vinculados o no a los antedichos. Es obvio que semejante procesión no puede derivar de Coméstor. Ahora bien, un repaso a los *Cánones crónicos,* en los años correspondientes, deja fuera de duda que al mechar con tal nómina la narración bíblica Alfonso se ha atenido fundamentalmente a la pauta de Eusebio y Jerónimo (con frecuencia, por si hiciera falta, puntualmente citados), completándolos con materiales espigados en otras autoridades (la *Estoria de los Aláraues,* el *Libro de las generaciones de los gentiles,* el *Panteón* de Godofredo de Viterbo) e insertos en un determinado contexto merced a las relaciones que permitía establecer la cronología de los *Cánones.*

La *Historia scholastica,* pues, no es «el principal modelo de Alfonso» para combinar «el relato y comentario bíblicos con breves indicaciones de historia profana»[19]. Que «breves» son ciertamente los *incidentia* de Coméstor, pero no los capítulos de la *General estoria* sobre el mundo gentil. A decir verdad, las respectivas proporciones no son siquiera comparables. Así, en el libro de Josué, recién examinado, «maestre Pedro» trae setenta veces más historia sagrada que pagana, mientras en Alfonso una y otra se equilibran en extensión; en el período de los Jueces, los *incidentia* de Coméstor no se llevan ni la décima parte del total, en tanto el Rey de Castilla dedica a los su-

19. A. G. Solalinde, *ibidem.*

cesos extrabíblicos unas diez veces más páginas que a los bíblicos...[20] Es que Alfonso, sencillamente, atiende a la ciudad de Dios y a la ciudad terrena de acuerdo con los datos que conoce en cada momento, bien lejos de la concentración de la *Historia scholastica* en la Escritura, pero muy apegado a las lecciones de universalismo de Eusebio de Cesarea.

Con Eusebio entronca también el esencial diseño analístico de la *General estoria*. Alfonso, en efecto, desea llevar el relato de año en año, según un minucioso esquema cronológico que lamenta no hallar en la Biblia: «Sabed que nin Moysén nin Jherónimo, como quier que lieuen la estoria de la Biblia por los annos, non la lieuan por la cuenta dellos departiendo las estorias diziendo: "Esto contesció en tal anno e esto en tal"» (I, página 595 *a*). Pero el Rey no puede permitirse esas imprecisiones. La necesidad de conjugar la historia sagrada y la historia profana en una sola historia «general», de la humanidad toda[21], lo fuerza a adoptar para su obra la estructura (no el laconismo) de los anales. «Nós [...] auemos mester

20. Vid. las valiosas indicaciones de F. Gormly, *op. cit.*, páginas 38-39, y D. Catalán, «La Biblia en la literatura medieval española», en *Hispanic Review,* XXXIII (1965), pág. 311.
21. Nótese que en el título de la obra «general» vale "universal". Así, el que hoy se llama «Diluvio universal» es mencionado por Alfonso como «Diluuio general» (I, pág. 95 *a*); cf. I, pág. 368 *a* («después del su diluuio, que fue general de toda la tierra»); II, 1, pág. 103 *b* («non fue general de tod el mundo, como el de Noé»), etc.

estos departimientos [es decir, unas divisiones de año en año] por los fechos et por las estorias e por las razones de los gentiles que enxerimos en la estoria de la Biblia, e auemos otrossí mester annos sennalados de la linna [de los Patriarcas] [22] que nombremos en que contescieron aquellas cosas de los fechos de los gentiles e los metamos allí en la estoria» (I, pág. 595 *b*). Distribuir la materia «por la cuenta de los annos» era método de trabajo, ya ensayado en la *Estoria de España*,[23] que resolvía de un plumazo el problema de la organización de las diversas noticias; pero era también un tributo a los orígenes de la historiografía cristiana y al ecumenismo que la inspiró. La estructura analística casaba admirablemente con el gusto del Rey por lo exhaustivo, por decir «la uerdat de todas las cosas e [...] nada encobrir» (I, pág. 3 *b*). Alfonso quería, por ejemplo, «contar la estoria toda [de los jueces de Israel] como contesció e non dexar della ninguna cosa de lo que de dezir fuesse» (II, 1, pág. 130 *b*), o, a propósito del rey

22. Vid. en especial I, pág. 265, entre muchos pasajes pertinentes.
23. Cf. D. Catalán, «El taller historiográfico alfonsí», páginas 360-361, quien, entre otras agudas observaciones, señala que la «sistemática confrontación de la historia nacional con los grandes hitos de la historia universal» está en la *Estoria de España* «subordinada a la distribución de la narración por años de reinado». Es fácil que, abandonada la redacción de la obra como conjunto independiente, Alfonso previera, sin embargo, la incorporación de sus partes más elaboradas a la *General estoria*, a costa de escaso trabajo adicional.

Arcas, hijo de Júpiter, «poner en esta *Estoria* tod
el su fecho e la su razón complidamientre» (I, página 596 *a*). Ese afán de exhaustividad (tanto para
lo hebreo como para lo gentil) lógicamente se de-
leitaba en el prolijo desmenuzar la historia en
años. De ahí las disculpas cuando debe dejar unas
casillas en blanco, por falta de datos [24]; de ahí la
desazón cuando las fuentes no precisan una fecha [25]; de ahí las explicaciones cuando decide in-
fringir la norma, al encontrarse con una figura
excepcional [26], al tratar un asunto cuya cohesión
pide «leuar la estoria toda unada fasta que aca-

24.   He aquí una muestra característica: «E destos sesenta
e quatro annos desta seruidumbre uos dezimos assí: que aquellos que non ementaremos en contando las cosas que en los
otros acaescieron, que tengades que non fallamos en ellos por
las estorias ninguna cosa que aquí dixiéssemos, e desta guisa
nos desembargamos aquí dellos, e non nos demandedes ende
más, fascas porque non dixiemos algo dellos, ca uos mostramos
que esto que auemos dicho es la razón (I, pág. 272 *b*).
25.   Hemos visto ya una queja sobre la despreocupación de
la Biblia al respecto; valga ahora un ejemplo relacionado
con la historia extrabíblica: «Maestre Godofré otrossí cuenta
en la dozena parte del *Pantheón,* en el quarto capítulo, que
Troya fue començada a seer cercada de muros con menas en
el tiempo de Josué, cabdiello de Israel; onde dize él ende seis
uiessos, mas, peró, non nombra ell anno sennalado...» (II, 1,
página 84 *b*).
26.   «En este lugar vos contaremos el linage dónde vino
Ércules, e el su nasçimiento, e los grandes e estrannos fechos
que el fizo por el mundo. E commo quier que los él fiziera en
tiempos departidos e en muchas tierras, ayuntamoslos nós aquí,
todos aquellos buenos fechos, porque vaya toda la su estoria
vna, commo de tan grand prínçipe e sennor commo él, e que
la entiendan mejor los que la quisieren oýr» (II, 2, pág. 1, *a*).

bemos tod el fecho» (I, pág. 341 *b*), al verse obligado a dar antecedentes [27].

Las «estorias de los fechos de los gentiles», pues, se casan con la secuencia bíblica rigurosamente «segund sus tiempos» (I, pág. 266 *b*). Es obvio que ni ello ni la traza de anales tiene nada que ver con los usos de Coméstor, que relega a un apéndice fácil de extirpar los manojos de *incidentia* y a quien es extraño el interés de Alfonso por la cronología. El Rey, en efecto, atribuye a esa ciencia un alto valor (volveremos sobre el punto) y la cultiva fervorosamente. Para el Antiguo Testamento, como sabemos, lleva «esta *Estoria* [...] por los annos de la uida del padre de la linna o del mayor de los doze linages o del qui assennoró en su tiempo sobrel pueblo de Israel»; y, en su caso, echa mano también de los anales de la gentilidad: «Pero sobresto es otrossí de saber que muchos annos fallaredes en que se cuenta la estoria por los reyes gentiles, como por los annos del rey Dario, e por los de Alexandre el grand, e del rey Arthaxerses, e de otros reyes gentiles daquellos tiempos, e de los romanos otrossí, como de Julio César e Otauiano César e

27. «E maguer leuamos esta *General estoria* por los annos en que acaescieron las cosas e se deurién contar cada vna dellas en sus tienpos, peró, por memoria desta estoria de Troya e porque fuese el su fecho todo ayuntado e que se entendiese por ý mejor toda la estoria e los achaques por do vino aquel destruymiento desta çibdad, touimos estas estorias e sus razones todas para aquí, asý como vienen vnas en pos otras ordenadamientre» (II, 2, pág. 48).

dotros reyes de quien oyredes adelant en esta *Estoria*» (I, pág. 267) [28]. Así, la narración se remansa cada paso en sincronismos por el estilo del siguiente:

> Andados ocho annos de Othoniel, juez de Israel, et quarenta e tres de Amitens, rey de Assiria, et ueynte e ocho de Choras, rey de Sicionia, et treynta e ocho de Dánao, rey de Argos, et quarenta e siete de Ramesses, rey de Egipto, murió Amphiteón, rey de Athenas, et reynó empós éll Pandión, quinto rey dallí, quarenta annos. Este Pandión fue fijo... (II, 1, pág. 137 *a*).

Pero ¿qué es todo ello? Lisa y llanamente, un poner en prosa las tablas numéricas de Eusebio

28. No es difícil saber cómo iba a ser la cronología de la *General estoria* para la época posterior a Cristo: «E de la uenida de Cristo adelant, cuéntanse las estorias por los annos de los césares e de los emperadores de Roma e por la su era; e qui quiere cuenta por la encarnación de Cristo, o aun qui quiere por todo, fascas por amos estos tiempos e por amas estas cuentas del César e de Cristo, esto es, por ell era e por la Encarnatión» (I, pág. 268 *a*). Por tal pasaje, por el proceder habitual en las dos primeras partes de la obra y por la declaración explícita de la Cuarta (*apud* J. Amador de los Ríos, *Historia crítica de la literatura española*, III [Madrid, 1863], páginas 596-597), así como por el método de la *Estoria de España* (donde, v. gr., se da la era, el año de Cristo y la héjira) y por algún otro testimonio (cf. A. Ballesteros, *Alfonso X*, páginas 243-244), resulta evidente que Alfonso pensaba recurrir a todos los sistemas de datación de que tuviera noticia: a una cronología múltiple por el estilo de la usada en la *Crónica de tres reyes* (en *BAAEE*, LXVI, págs. 3 b, 69 *a* y 93 *a*), que no en balde continúa la historiografía alfonsí (cf. D. Catalán, *Un prosista anónimo del siglo XIV*, La Laguna, 1955, páginas 135-136).

y Jerónimo, donde al igual que la cronología bíblica [29] se desgranan uno a uno los años de los reinados paganos. Y, para la parte conservada, los *Cánones crónicos* son el modelo constructivo y la guía mayor de la *General estoria*. Ellos proporcionan el esqueleto a que Alfonso debe prestar carne y sangre, con ayuda de «muchos escriptos e muchas estorias [...], los más uerdaderos e los meiores» (I, pág. 3 *b*), entre los que figura el manual de «maestre Pedro», desde luego, pero sin función estructural.

Es lícito conjeturar, pues, en ciertos aspectos, cómo se elaboró la *General estoria* [30]. El punto de partida lo suministran Eusebio y Jerónimo, cuyos casilleros cronológicos van provistos —cuando corresponde— de una «etiqueta» o sucinta mención de los casos, cosas y personas que tienen que

29. A partir de Abraham; de ahí los tropiezos de la *General estoria* en la breve parte anterior, cuando tampoco podía recurrir a Isidoro u otras fuentes secundarias; así, v. gr., en I, página 18 *a*: «E queremos que sepades en este logar que en todas las generationes de Caym nin en los sos fechos, que en ningún logar non pusiemos cuenta de annos nin fiziemos ý crónica ninguna, fascas cuenta de tiempo, ca la non fallamos fecha de los sanctos Padres, de Moysén en la Biblia, nin de otros en otros logares.»

30. Las breves indicaciones que siguen son antes que otra cosa una invitación al estudio de la crónica universal alfonsí con base en un nuevo examen de los manuscritos (como Diego Catalán ha hecho con la *Estoria de España*) y con cotejos sistemáticos de las fuentes, atendiendo a los diversos grados de elaboración, léxico y fraseología de las versiones (cf. M. R. Lida de Malkiel, *Romance Philology*, XII, pág. 141, nota 35), repeticiones, referencias internas, etc.

ver con cada «anno sennalado». Alfonso añadiría
nuevas etiquetas a algunos casilleros de los *Cánones,* de acuerdo con los informes de otras autoridades (pudo usar de historias universales como la
de Isidoro, la *Chronographia* de «Sigiberto» de
Gembloux y, sobre todo, especialmente en la primera parte, el *Pantheon* de «maestre Godofré»
de Viterbo), y posiblemente incluiría anotaciones
sobre las fuentes de cada particular: un pasaje
de Ovidio, la *Estoria de Tebas,* Orosio, Monmouth, etc., etc.

Con tal plano a la vista y sujetándose bien a
«la cuenta de los annos», los compiladores podían
repartirse el trabajo sin gran dificultad, seguros
de que los fragmentos preparados independientemente se ajustarían en buena medida. Así (y claro
está que hablo en hipótesis), los encargados de la
parte bíblica y los responsables de la parte profana apenas necesitaban relacionarse mutuamente:
la coordinación de los relatos respectivos se lo-
graría, en principio, ateniéndose a los *Cánones* y,
después, gracias al control de especialistas. Porque
sin duda habría redactores aplicados a dar una
primera forma a los materiales y otros ocupados
en revisar y harmonizar los resultados de esa labor
previa, ya para la historia sagrada [31], ya para la his-

31. Cf. sólo I, pág. 14 *a,* donde los compiladores explican
cómo consultaron sucesivamente a «mahestre Pedro», «Iosepho» y «Rabano, en la *Glosa*», añadiendo las noticias de los
dos últimos a lo que al parecer habían ya escrito quizás otros
colaboradores siguiendo al primero («mas pero que auiemos
aquí dicho...»).

toria profana, mientras unos terceros encajarían
la una en la otra y aportarían —posiblemente con
la intervención activa del Rey— comentarios mo-
rales, notas de actualidad, glosas sabias, prestando
a la obra una fisonomía definitiva [32].

En el estado actual de nuestro conocimiento,
sin embargo, sería arriesgado e ingenuo aspirar a
más precisiones. Sabemos, por ejemplo, que el relato bíblico suele combinar la traducción y la paráfrasis (amplia o sintética) de la misma Escritura
con los datos y complementos de Flavio Josefo,
las explicaciones de Coméstor, las acotaciones de
la *Glossa;* sabemos que una narración mitológica
puede trenzar el *Libro de las generaciones de los
gentiles* con el «Ouidio mayor» (las *Metamorfosis*) y el *Libro de las duennas* (las *Heroidas*). Pero
no podemos afirmar por quién o quiénes, en qué
nivel de la tarea, se zurcieron esos varios retazos
en un diseño coherente. Lo único claro es que en

---

32. En el segundo o más probablemente en el tercer nivel,
por ejemplo, se incluiría una advertencia como la siguiente, que
en la pág. 259 (Génesis) da por redactada la materia de
que se trata en la pág. 565 (Levítico): «Et desta mezcla destas
animalias uos *auemos fablado ya* en la estoria de las razones
del libro Leuítico, mas allí uos *dixiemos* la natura de la mezcla
destas animalias e aquí uos dezimos el tiempo en que fue fecha
la mezcla» (I, pág. 259 *a*). Según ello, se revisó primero la
adaptación del Levítico, añadiéndole largas acotaciones de historia natural, en general tomadas de Plinio; y sólo después
el mismo equipo o compilador responsable de aquéllas se ocupó en el Génesis, cuya versión le entregarían los «ayuntadores» correspondientes con posterioridad y con independencia
respecto a los encargados del Levítico.

la *General estoria,* como en la *Estoria de España,* «antes de alcanzar el grado último de perfección compilatoria, cada fragmento pasó por toda una serie de etapas elaborativas»[33]. Ahora bien, reconocer en los *Cánones crónicos* el esquema fundamental de la *General estoria* sin duda equivale a revelársenos una temprana e importante fase de la ejecución y contribuye, por ende, a sugerirnos cómo pudieron ser las posteriores. Género y génesis de la obra se iluminan entre sí.

Casi inútil es concluir, con tal perspectiva, que la *Historia scholastica* no puede ser considerada «fuente estructural» de la obra alfonsí, ni cabe tratar a la *General estoria,* por lo mismo, de «biblia historial». A Coméstor corresponde únicamente un papel de auxiliar —distinguido auxiliar, eso sí—, para un momento en que las líneas de fuerza de la crónica ya han sido trazadas. La *General estoria* no será (¿cómo iba a serlo?) «lo que hoy se entiende por historia universal»[34]; pero sí es lo que por historia universal, tras un lúcido arranque y una larga vacilación que el propio Alfonso X conoció y superó, se entendía en el siglo XIII.

33. D. Catalán, «El taller historiográfico alfonsí», pág. 359. El paralelismo que propongo no puede extenderse a todos los pormenores; v. gr., quizás en la *Estoria de España* la «fragmentación del relato por anales constituía la última etapa elaborativa» (*ibid.,* pág. 359), mientras en la *General estoria* debió ser la primera: mejor dicho, existía ya, era previa al proyecto alfonsí.

34. M. R. Lida de Malkiel, «Josefo en la *General estoria*», página 164.

IDEA DE LA «ESTORIA»

Tiempos y edades

La pauta analística de la *General estoria* no responde sólo al esquema de los *Cánones crónicos,* a la necesidad de coordinar *ab initio* la labor de los diversos «ayuntadores» y a la complacencia de Alfonso en enfoques y desarrollos exhaustivos: es además trasunto de una seria preocupación por el tiempo histórico, por ese paradójico *continuum* de cambios perpetuos [1]. Arriba vimos cómo los Padres de la Iglesia habían subrayado varias etapas en el curso de la historia, insistiendo en un hito mayor: la Redención. Las dos edades que ella distinguía se fragmentaban fácilmente en tres, cinco, seis, y aun se desmenuzaban año por año en las tablas de Julio Africano o Eusebio. Las divisiones de la cronología, en cualquier caso, estaban cargadas de sentido trascendente: situaban

1. Mucho se ha escrito sobre «Das Problem der historischen Zeit» (recuérdese el artículo de G. Simmel, *Zur Philosophie der Kunst,* Postdam, 1922, págs. 152-169); me quedo con el par de páginas de Marc Bloch, *Apologie pour l'histoire, ou Métier d'historien,* París, 1949, I, III.

acaeceres y personas en la perspectiva del plan de
Dios, de la revelación divina en el tiempo. El
correlato era una nueva conciencia de que «los hechos humanos cambian y cada uno es singular e
irrepetible, pero todos ellos quedan insertos en el
acontecer, según el hilo de una unidad de sentido» [2] (vid. supra, págs. 17-23). Ahora nos toca
comprobar que Alfonso el Sabio es digno heredero de esa tradición. Dejemos hablar a los textos,
para empezar, con escueta glosa.

Por supuesto, la concepción del tiempo histórico en la crónica universal alfonsí gira muy en
primer término en torno a Cristo. El mundo no
es el mismo tras la venida del Salvador. Antes
de Él, por ejemplo, los diablos campaban por la
tierra y maltraían a la humanidad: «a la garçonía
e locura e mal fazer de los demonios e uanidad,
soltaua Nuestro Sennor Dios estonces mucho, con
grand ·pesar de las yentes a quien engannauan
ellos con los escarnios con que los enartauan en
aquellos ýdolos». Después de Jesús, en cambio,
los diablos quedaron privados de tal facultad:
«Mas, de la encarnatión de Cristo a acá, non quiso
Él que assí fuesse, ca allí fueron quebrantados
los spíritus malos, e de tod en todo en la su
Passión e la su Resurrectión, e perdieron ellos el
mal poder que auién e fincaron sus ýdolos desam-
parados et nada» (I, pág. 433 b; cf. 439 a, etc.).

2. Cito a J. A Maravall, *Antiguos y modernos,* pág. 158;
en ese magnífico libro se hallará el contexto intelectual de muchos de los temas que yo examino sólo en Alfonso el Sabio.

Toda la historia antigua, por otra parte, es una suerte de «prólogo a Jesucristo», y parece lícito verla orientada en ese sentido. Naturalmente, la historia sagrada, desde la primera página, es antes que otra cosa la genealogía del Redentor: «enuió a Adam a dezirle [...] que ouiesse a su mugier Eua e ouiesse sos fijos en ella, ca del linage que él farié en ella de allí adelante auié a nasçer el Fijo de Dios» (I, pág. 18 *b*). De ahí, claro está, para el historiador, la importancia de no perder la «linna» de Cristo como guía cronológica (cf. abajo, pág. 82).

Pero no ya sólo la historia del pueblo elegido, sino igualmente la del mundo gentil se pueden ver siempre apuntadas hacia Jesús, mediante el recurso a la interpretación alegórica. Del mismo modo, verbigracia, que «por Seth se da a entender el resusçitamiento de Jesú Cristo» (I, página 19 *a*), los azares de Júpiter se dejan comprender como «figura»[3] de un episodio en la vida del Mesías: «Diz que el rey Júppiter que fuxo a Egipto ante los gentiles, que quiere significar a Nuestro Sennor Iesú Cristo, que fuxo a Egipto ante la maldad de los judiós, e los otros dioses que eran con Júppiter e fueron allí trasformados,

3. Sobre el concepto de «figura» todavía es obligado remitir al estudio de Erich Auerbach en *Neue Dantestudien,* Estambul, 1944, págs. 11-71, y *Scenes from the Drama of European Literature,* Nueva York, 1959, págs. 11-76; A. D. Deyermond ha reunido y comentado la principal bibliografía posterior en un útil trabajo, «*Exemplum, allegoria, figura*», en *Iberoromania,* en prensa.

que dan a entender a Sancta María, madre de
Jesú Cristo e Nuestra Sennora, e a Josep e los
otros omnes que ellos leuaran consigo quando
fuxeron allá con Jesú Cristo», etc. (I, pág. 91 *b*).

En Seth como en Júpiter (y cabría multiplicar
los ejemplos), pues, se da una noble dimensión:
por un lado, son personajes de carne y hueso [4],
con sentido completo e independiente (permítase-
me expresarlo así); por otro lado, son «figuras»
de Cristo, y la cualidad de tales es también una
realidad histórica, no un valor sobreañadido por
el exegeta [5]. Más aún: en tanto el Señor quiso la
existencia de «figuras», son ellas obra de Dios,
manifestación del proyecto divino, de que se afa-
nan en levantar acta los compiladores alfonsíes [6].
La nación hebrea y los pueblos paganos, así, aparecen siempre (aunque no siempre deba indicarse
implícitamente) en el horizonte temporal de la
Encarnación. «Departen otrossí los Sanctos Padres de la nuestra Ley que esto [Génesis, XLIX,
10] assaz paresçe manifiesto que lo dixo Jacob

4.   Recuérdese que Alfonso acoge con entusiasmo el planteo
evemerista que halla en Eusebio, Orosio, Isidoro, Viterbo, etcétera, etc., y sostiene que «los dioses de los gentiles [...]
fueron omnes buenos poderosos e más sabios que los otros al
su tiempo» (I, pág. 409 *b*).
5.   Cf. E. Auerbach, *Scenes from the Drama of European
Literature,* págs. 30-34.
6.   También para las «figuras», además, hay un antes y
un después de Cristo: «fasta que uino Él daquella uez en
carne a toller las figuras e fincar los omnes en la uerdad en
que somos oy [respecto a la interpretación] de las figuras»
(I, pág. 92 *a*).

por Nuestro Sennor Iesú Cristo, que auié de uenir en carne a saluar tan bien los gentiles como los judiós, pero aquellos que se conuertiessen a Él, tan bien de los unos como de los otros, e todos deseauan la su uenida, tan bien los gentiles como los judiós» (I, pág. 250). Justamente esa hermandad de gentiles y judíos en la expectación de Cristo es una de las claves —tan vieja como sabemos— del universalismo de la *General estoria*[7].

La revelación de Dios en los tiempos, hilando más delgado, permite distinguir tres grandes períodos:

> Los Sanctos Padres de la nuestra ley partieron en esta razón el tiempo del comienço del mundo fastal cabo en tres tiempos [...]. E al primero tiempo destos, que fue de Adam fasta Moysén ell anno[8] en que esta ley fue dada, lla-

7. Universalismo y cristocentrismo tienen alguna formulación tan sintomática y curiosa como la relativa a la puebla de Jerusalem: «e aun dizen algunos que uino Sem a aquel lugar por conseio de Noé, su padre, que sabié por spíritu de Dios que en Sem fincarié la linna de los linages donde auié a nascer [Jesucristo] e tomarié muerte e passión e resuscitarié, e que serié lugar comunal a todos los lugares de dentro de tod el cerco de la tierra, pora los quil quisiessen uenir allí a ueer e a orar, e fizo ý su puebla, e segund dizen púsol nombre "Luza", e este fue el primero nombre que la cibdat de Jerusalem ouo» (I, pág. 60 *a*). Aquí, una noción geográfica, de acuerdo con la cual Jerusalem es el centro del mundo (cf. J. K. Wright, *The Geographical Lore of the Time of the Crusades*, Nueva York, 1965², págs. 259-260 [y, ahora, H. de Vries, en *Boletín de la Real Academia Española*, LI (1971), pág. 306]), se alía a una visión histórica providencialista.

8. Nótese el cuidado con que se menciona «ell anno»,

maron «tiempo dante de la ley»; e deste anno
de Moysén fastall anno en que Nuestro Sennor
Iesú Criso nasció de Sancta María, o aun al de
la su passión, dixieron el «tiempo de la ley»; e
de la encarnatión de Nuestro Sennor Iesú Cristo, o de la su passión, fasta cabo del mundo o
fasta que la ley de Cristo durare o fasta quando
Dios quisiere, es el «tiempo de la gracia», en
que nos fizo gracia el Cristo Dios, que yendo
nós derechamientre por los ensennamientos de
la Ley que Él emendó e ennadió, podamos nós,
por la su encarnatión e la su passión e la su
resurrectión e la su sobida al Çielo, yr derechamientre a la gloria del su Paraýso, sin desçen-
der a los Infiernos, lo que non era en el tiempo
de la ley nin dantes... (I, pág. 426 b; cf. 98 a,
549-550)

Tal esquema tripartito, propuesto por San Agustín (cf. arriba, pág. 18) y difundido por Gregorio
el Magno (*Cartas,* V, 44), perfecciona la división
de dos épocas, anterior y posterior a Cristo. Perfecciona, digo, no excluye. Conservando a Cristo
como punto de referencia, en efecto, cabía combinar diversas falsillas de periodización [9]. Alfonso

---

frente a la menor precisión de San Agustín (arriba, pág. 18);
la *General estoria* no pierde de vista la estructura de anales
que la organiza.

9. Así, la que según los compiladores alfonsíes se prefigura
en las tres jornadas de viaje de Abraham, para sacrificar a
Isaac. «Otros dizen aún ál: que estos tres días, que dan a entender el tiempo dante de la ley nueua, el un día de Abraham
fasta Moysén, el otro de Moysén fasta Iohán, el tercero de
Iohán fasta Cristo» (I, pág. 144 a).

es tajante al propósito y escinde la historia «en tres tiempos, maguer que las edades dellos son seys; mas no se estorua lo uno desto por lo ál» (I, pág. 426 *b*). No se estorba, cierto, porque, sea cual fuere la clasificación adoptada, Jesús mantiene en ella el lugar central [10]. Pero eso no significa que cada edad no ofrezca peculiaridades propias, cuyo conjunto dibuja una trayectoria de la humanidad en que se hace presente un indiscutible sentido histórico, una convicción de que el mundo ha ido cambiando de faz al correr de los siglos.

La *General estoria* atiende regularmente a señalar y discutir los límites de cada una de las seis edades admitidas desde San Agustín (arriba, página 19) [11] y aun parece concederles un cierto papel en la distribución de la materia [12]. Mas lo importante es notar que no se trata de un deslinde mecánico, de un eco inane de la historiografía tradicional: por el contrario, Alfonso hace un in-

10. Tanto es así, que la *Estoria de España* no halla mejor momento para «fablar de las edades» que al tratar del nacimiento de Cristo, págs. 108-109.

11. Cf. I, págs. 19 *a*, 23 *b*, 25 *a*, 61 *b*, 70, 82, 83, 266; II, 1, pág. 89, etc.

12. La Tercera parte contiene la Cuarta edad (cf. S. Berger, en *Romania*, XXVIII, pág. 374: evidentemente «quinta hedad» es un error del manuscrito); la Cuarta parte se abre con la quinta edad (cf. J. Amador de los Ríos, *loc. cit.*, III, página 596), y es muy probable que el inicio de la Sexta parte coincida aproximadamente con el de la sexta edad (pues el asunto se toma «desde el tiempo que Joachín casó con Ana»: vid. A. G. Solalinde, pról. a I, pág. XXIII, n. 3).

tento de singularizar cada edad, de caracterizarla
con unos rasgos definitorios. Los propios de la
primera, como era de esperar, se apoyan en el
mito eterno de la Edad de Oro (al arrimo de Cicerón, *De inventione,* I, 2, y de las *Metamorfosis,* I, 89 sigs.), pero descargado de idealización,
en buena parte libre del «primitivismo» antihis-
tórico que lastra tantas versiones del motivo [13]:

> Cuenta Tullio en el començamiento de la su
> primera *Rectórica* que los omnes del primero
> tiempo assí se andauan por las tierras e por
> los montes como bestias saluages, que assí co-
> mién e beuién e tal uida fazién, e que nin auién
> tierras, nin uinnas, nin casas, nin heredad, nin
> otra cosa connosçuda ninguna, nin se trauaiauan
> dello, nin morauan en uno, nin leuaua ninguno
> a otro a fuero nil trayé a pleyto nin en juyzio,
> nin auién por qué sobresta razón, ca todas las
> cosas eran comunales entrellos. Después desto
> diz que uino un omne sabio e fízolos morar en
> uno e entender en el mundo e auer leyes por
> que uisquiessen, e sacólos daquella nesciedad en
> que fueran fasta allí e fízolos entendudos e
> sabios [...] Dize Ouidio en el su *Libro ma-*

13. Cf. G. Boas, *Essays on Primitivism and Related Ideas
in the Middle Ages,* Baltimore, 1948, págs. 15-86, 154-205;
Boas sin duda hubiera podido incluir la *General estoria* en el
capítulo sobre el «Antiprimitivism in the Middle Ages». Vid.
también A. Bartlett Giamatti, *The Early Paradise and the
Renaissance Epic,* Princeton, 1969², páginas 15-33, 87-88;
E. Armstrong, *Ronsard and the Age of Gold,* Cambridge, 1968,
páginas 52-83.

yor [...] que, de las seys edades que dixiemos
del tiempo, que la primera tal era como oro, et
esto dixo por los omnes dessa primera edad
del tiempo e del mundo, porque non sabién de
mal ninguno, nin buscauan a otre, nin auién
heredades connosçudas, nin otra cosa ninguna,
nin ley, ni fuero, nin otro derecho ninguno
sinon aquel que es llamado natural [...] Et en
aquel tiempo los omnes nin auién torres, nin
castiellos, nin otras fortalezas ningunas, nin
cauallerías, nin armas pora ferir nin pora def-
fenderse, nin lo auién mester, ca ninguno non
apremiaua all otro; et sin miedo que s' ouiessen
unos a otros e sin toda premia, se guardauan
fe e derecho e uerdad et lealtad [...] E por
estas simplicidades que auié en las yentes del
primero tiempo, dizen que les leuauan los áruoles muchas frutas e criáuales la tierra muchas
buenas yeruas e otras cosas, de que comién ellos
entonces e uiuién. En estas razones de Tullio
e de Ouidio [...] acuerdan otros sabios muchos [...] Et diz Ouidio que esto duró demien-
tra que regnó el rey Saturno entre los gentiles;
et assí lo fallamos nós en las estorias e en las
crónicas de los sabios (I, págs. 198-199).

El tono elegíaco usual en las evocaciones de la
Arcadia está ausente del pasaje. Alfonso enfrenta
el tema *en historien;* con todas las limitaciones
que se quiera, pero con una clara voluntad de
rigor histórico. Y procura, así, con ayuda de las
fuentes y del sentido común, reconstruir la primera edad atendiendo a la naturaleza y a las ins-

tituciones (o a la falta de instituciones), a los
modos de vida y a la cultura material, a los rasgos
positivos y a los negativos; o justifica la veracidad
del cuadro con referencias cronológicas y la opor-
tuna cita de autoridades. Es también obvio que
le interesa realzar la figura de los pioneros cuyas
aportaciones fueron modificando el tono del vivir
colectivo, para ofrecer, de tal forma, un esbozo
del progreso humano (no nos asuste el sustanti-
vo). De ahí el especular sobre la identidad del
«omne sabio» que alumbró una nueva época, «e
puede seer que este fue el rey Júppiter»:

> Et pues que se acabó aquella primera edad
> e entró la segunda edad, regnó el rey Júppi-
> ter, e estonces começaron ya las yentes a auer
> heredades connosçudas e partirlas por términos,
> e fazer casas e estaiar regnos e appartar senno-
> res e mercar e uender e comprar et arrendar
> e allegar e fazer fiaduras e otras tales cosas
> como estas. Et dallí começaron la cobdicia, que
> es madre de toda maldad [I Timoteo, VI, 10],
> e la enuidia e la malquerencia et fazerse los
> omnes soberuia e querer lo ageno, don uinie-
> ron contiendas e peleas et lides e feridas (e
> esto uinié por las culpas de los pueblos, e non
> de los reyes). Quando esto uio Júppiter, que
> regnaua a la sazón et los auié a mantener en
> justicia e en paz, de guisa que ninguno non
> fiziesse tuerto a otro, ouo por esta razón de
> trabaiarse a buscar maneras por ó fuessen deue-
> dados estos males e se castigassen las yentes...
> (I, pág. 199 b)

Y, desde luego, semejantes descripciones no son ocurrencias ocasionales, enunciadas y olvidadas, sino fondo panorámico sobre el que se recortan hechos y figuras singulares; las edades, además, se articulan y pueden ser contempladas las unas a la luz de las otras. Por ejemplo, el relato «de Thare e del su tiempo» (I, III, 15) se inscribe en el marco de la segunda edad, se coteja con los rasgos propios de la primera y se enlaza con los sucesos y la fisonomía de la tercera:

> En este tiempo deste Thare —como en signo de las contiendas e batallas que auién a uenir en la tercera edad, como quando los omnes comiençan en la su tercera edad, a la que dizen adolescencia, e esto es de quinze annos adelante, e les comiença a feruir la sangre e seer ellos bolliciosos e peleadores—, començaron todos a bollir más que en otro tiempo de fasta allí, con grand cobdicia de auer de la tierra los unos más que los otros. Et començaron a asmar en armas e en assacar manera dellas e de engennos, e partir regnos e fablar en cabdiellos e príncipes e reyes pora deffenderse e auer derecho... (I, pág. 76 a; cf. 62 y 550)

Las edades, pues, se dan en una secuencia dinámica y variada (estamos lejos de la visión monocorde del pasado que algunos han supuesto inevitable en la historiografía medieval), donde la continuidad y el desarrollo orgánico («como... los omnes»), no excluyen el cambio, en un fluir coherente.

Ahora bien, el curso de la historia ofrece diversas líneas de evolución, solidarias todas, pero no todas con una marcha de idéntico sentido. Fijémonos en la más importante, en la línea de la creencia. Así, aparte unos pocos escogidos, «primeramente los omnes non creyén en Dios» (I, página 61 b); luego, aprendieron a tejer, a labrar, a cazar, «et, catando a la tierra, veyén en ella piedras claras e fermosas e fuertes, e asmaron e dizién que allí era dios, e baxauan se contra ellas e [a]oráuanlas» (62 b); todavía después, se tornaron sedentarios, instituyeron el matrimonio, «et estos, ó andauan a las lauores e por los montes con los ganados, pararon mientes en las yeruas e en los áruoles e uieron cómo crecién e se alçauan por sí de tierra contral cielo, e mesuraron en ello e touieron que eran creaturas más llegadas a Dios que non las piedras [...] Et muchos destos dexaron por estas razones de aorar las piedras e aoraron las yeruas e los áruoles» (63 a). Y, siguiendo por ahí, a medida que los hombres fueron domeñando a la naturaleza, a medida que «començaron a seer ya más sotiles», fueron también reflexionando y «touieron por ende que eran [...] creaturas más çerca Dios que aquellas otras que dixiemos antes, e dexaron por estas razones de aorar a las otras e aoraron a estas» (63 b): animales, peces y aves, personas, elementos, astros...[14]

14.   En el *Setenario,* ed. H. K. Vanderford, Buenos Aires, 1945, pág. 49 sigs., se trata casi la misma materia, con mucho

¿Cómo se explican tamaños errores («que por uentura tenemos *los de agora* por uanidat») en gentes tan estimables como los paganos? «Porque, maguer que gentiles eran aquellos, que por esso ['sin embargo'] omnes buenos fueron los qui lo fazién; ca, pero que ['por más que'] alongados de la uerdadera creencia de Dios, por esso todauía puiauan de uno en ál, como de grado en grado, a creencia de meiores cosas. E aun en estas razones ouo ý otras yentes que uinieron en pos estas e començaron en el tiempo dellas e estidieron e buscaron e fallaron que auié ý después desto más cosas aun más altas e más nobles de creençias antes que llegasen a Dios» (65 *b*). Bien se echa de ver que, para Alfonso, progreso espiritual y progreso material iban de la mano: la humanidad había ido avanzando, «como de grado en grado», hacia el conocimiento de Dios y hacia la civilización; y ambos procesos, íntimamente vinculados, tenían, por tanto, un claro signo positivo.

Pero en principio no puede decirse lo mismo de todos los factores de la historia. La naturaleza, los hombres y los productos de una y otros decaen en más de un aspecto. Por ejemplo, ya nadie vive siglos enteros, como los patriarcas [15]. «Ca el

menos énfasis en lo histórico y más atención a la interpretación figural.

15. Cf. también I, págs. 99 *a*, 240 *a*; y comp. P. Mexía, *Silva de varia lección*, I, 1 y 2; *Arcipreste de Talavera*, ed. J. González Muela, Madrid, 1970, pág. 217; F. N. Egerton, III, «The Longevity of the Patriarchs: A Topic in the History of

tiempo e las cosas temporales [...] son e somos
cada día canssados, segund ell ordenamiento que
Dios puso en las naturas de las cosas temporales
e falledizas. E los omnes cada día somos más flacos e más falledizos; e los omnes e las otras cosas
cada día fazen fijos más flacos e menos duraderos
ya» (I, pág. 37 b). «Ca diz que todas las cosas
que acabarse an, e más que más las que son fechas por aluedrío e por manos de omnes, que a
tiempo todas enueiescen e fallescen» (I, página 329 a). Así, la irremediable fugacidad de cada
cosa se amplía también a «todas las cosas» en
conjunto: la historia va ahora a menos, puesta
bajo signo negativo (cf. ya Isidoro, *Sentencias,* I,
VIII, 1-2).

De tal modo, para Alfonso, el conocimiento de
Dios y la civilización progresan, en tanto la condición humana decae. No veamos ahí contradic-
ción. Recordemos más bien la imagen antropoló-
gica que está en el origen de la doctrina de las
edades [16] (y que hemos visto explícitamente tra-
tada en la *General estoria*), y todo nos resultará
muy claro. La historia del mundo es igual que la
vida del hombre. A una infancia sin malicia, pero
también sin saber; a una adolescencia en que «co-
miença a feruir la sangre», siguen una madurez y
una ancianidad que recogen las experiencias y los

Demography», en *Journal of the History of Ideas,* XXVII
(1966), págs. 575-584.
16. Vid. É. Gilson, *El espíritu de la filosofía medieval,* página 357; J. A. Maravall, *Antiguos y modernos,* pág. 221.

conocimientos de las etapas anteriores. La vida
entera es aprendizaje y progreso, pero limitados
de antemano por la ineludibilidad de la muerte.
Y según se crece en años, en ciencia y en entendimiento, se decrece en fuerzas. La sabiduría se acumula, el vigor se resta. Por eso, más allá de las
seis que constituyen la historia propiamente dicha,
ha de existir una «setena edad», en que «passarán
a gloria todos los que en ella ouieren de seer»
(I, pág. 257 a) y «folgarán las almas sanctas con
Nuestro Sennor Dios» (I, pág. 404 a). Y por eso
el mundo se agota y declina, «a canssar e a fallescer» (I, pág. 38 a) [17]. La sexta edad, el «tiempo
de después de la ley [...], en que somos nós
agora los cristianos» y que abarca «de la encarnación de Nuestro Sennor Iesú Cristo fasta que se
acabe el mundo o fasta que Dios touiere por bien»
(I, pág. 550 a), la época de Alfonso, en fin, es
la «aetas debilis», la «senectus mundi», pero también el momento más próximo a Dios, el «tiempo
de la gracia» (cf. arriba, pág. 72). Otón de Freisinga lo había formulado con lucidez: «vide regno

17. Véase el pasaje íntegro: «Et aun sobresta razón fallamos que philósophos ay que asman que el mundo, que lo
contiene todo, que por esta misma manera ua, e que a canssar
e a fallescer, e desí seer renouado en meior natura, como
será de los omnes en el día de su resuscitamiento, e esto será
cuando Dios quisiere» (I, págs. 37-38). Aquí, el cielo nuevo y
la nueva tierra anunciados por Isaías, LXV, 17, San Pedro, I,
III, 13, etc., se convierten en escenario de la «setena edad» de
los hombres: también para el universo hay un último destino
venturoso, como la flaqueza de los cuerpos se convertirá «en
meior natura» el día de la resurrección.

Christi crescente regnum mundi paulatim immi-
nui» [18]. Y la misma convicción ambivalente está
al fondo de la *General estoria,* insertando los hechos singulares en un marco inteligible como totalidad.

Claro está que ahora podemos comprender mucho mejor el interés de Alfonso por la cronología.
Por de pronto, se nos confirma que contar «la
estoria de la Sancta Escriptura e todas las otras
estorias de los fechos del mundo» antiguo por
los años «de la linna de Adam fasta [...] Cristo»
(I, pág. 61 *b*) equivale a poner las cinco primeras
edades en la perspectiva de la sexta. Alfonso piensa que así lo sabían ya, aparte los hagiógrafos,
ciertos «sabios» precristianos (a quienes, naturalmente, no identifica): «Fallaredes que los sanctos
e los sabios que nós en los nuestros latinos fallamos, asssí como si lo entendiessen de antigo por
Spíritu Sancto de Dios que Nuestro Sennor, fijo
de Dios e Él mismo Esse, auié a nascer de Sancta
María siempre uirgen, e que uernié Ella por la
linna derecha por los sanctos padres de Adam e
de Eua fasta Joachín, su padre, como uino, nunca
quisieron contar las estorias principales del mundo sinon por la linna de los padres del Uieio Testamento, sinon si la su linna se perdió» (I, página 267 *a*). Tras la venida del Salvador, por su-

18. Cf. W. S. Heckscher, «Classical Concepts in a New
Setting», en C. R. Young, ed., *The Twelfth-Century Renaissance,* Nueva York, 1969, pág. 62. Sobre la «senectus mundi»,
vid. R. A. Markus, *Saeculum,* cit. arriba, págs. 23 sigs.

puesto, ha habido que abrir columna nueva: «nós los cristianos [contamos a partir] de la encarnación de Iesú Cristo» (I, pág. 625 a). Es lógico, pues, que importe no sólo conocer los hechos, sino también fecharlos con toda la precisión posible: «porque es muy bien de saber ell omne el tiempo e ell anno de la estoria» (I, pág. 321 a). El cronista que no obre en consecuencia se expone a una muy justa censura: «Et porque non seamos ende reprehendudos, dezimos aquí tanto del tienpo destos fechos...» (II, 1, pág. 235 b; cf. 297 b). Y yerran quienes no conceden a la cronología el mismo valor que Alfonso; porque las fechas realzan, hacen más accesible el sentido y las enseñanzas de los sucesos narrados. «E aquí dezimos assí: que algunos ý a que tienen por poco en contar omne ciertamientre el tiempo en que contesce la cosa, mas non lo deuen fazer, ca una es de las cosas que son muy mester pora en toda cuenta de estoria, pora adozir bien a remembrança el fecho que contesce, que se non oluide a omne, e la remembrança es la cosa en que yaze el pro de la razón pora membrarse della e castigarse omne del mal e meter mientes en el bien» (I, pág. 624).

La cronología, por tanto, es un arma esencial al servicio de los fines ejemplares de la historia (cf. I, pág. 3 b). Y el Rey halla confirmada la alta consideración que le confiere en el proceder ocasional de la Biblia, que, si comúnmente se fija poco en «la cuenta de los annos» (cf. arriba, página 56), alguna vez, ante un hecho excepcional, desciende al pormenor de datación. Así ocurre cuando el Génesis refiere la primera promesa de Dios a Abraham: «promesa que es puesta en la Sancta Escriptura muy nombradamientre e· como cosa muy señalada e muy contada por annos connosçudos, ca sobre razón desta promesa auino después el Testamento e aun los Testamentos que son entre Nuestro Sennor Dios e nós» (I, página 109). En el momento de registrar uno de los acontecimientos capitales de la historia, clave —nada menos— de las relaciones de Dios con la humanidad, a Alfonso no se le ocurre mejor medio de ponerlo de relieve que reparar en el detalle cronológico.

Pretérito perfecto, indicativo presente

De lo mayúsculo a lo minúsculo, de las grandes ideas que la animan a la pauta analística que la estructura, pasando por las abundantes explicaciones que proporciona sobre el cómputo de los tiempos [1], la crónica universal alfonsí da pruebas de un firme «sentido de la historia». Sin duda ese sentido no coincide por entero con el nuestro; pero ello de ningún modo implica que la obra testimonie la menor «voluntad de abolir el tiempo y el cambio» [2], voluntad demasiadas veces atribuida gratuitamente a todo el pensamiento medieval [3].

1. Vid. las indicaciones sobre la voz «cronografía» (II, 2, página 223 *a*), las «olinpias» (II, 1, pág. 438 *a*), los varios principios del año (I, págs. 342, 543 *a*, 624 sigs.), la era y el lustro (I, pág. 115 *b*), las calendas (I, pág. 686 *b*), las estaciones (I, pág. 488 *b*), los días (I, págs. 363 sigs.), etc., etc.; y cf. A. G. Solalinde, «Fuentes de la *General estoria*», en *RFE*, XXIII (1936), págs. 121-142 (IV, «Los cómputos»).
2. J. Le Goff, *La civilisation de l'Occident médiéval*, París, 1964, pág. 399.
3. Cf. por ejemplo M. de Gandillac *et al.*, *La pensée encyclopédique au Moyen Âge*, Neuchatel, 1966, págs. 10-11: «Les auteurs médiévaux [...] vivent, par rapport à ce passé, dans un

No puede afirmarse lisa y llanamente que Alfonso
sea incapaz de «guardar distancia» ante la Antigüedad y de «verla como cosa distinta y conclusa»[4], ni que «las limitaciones de su época» le im-
pidan «reconstruir otros tiempos, otras costumbres, otras leyes u otro orden social y religioso
distinto del suyo»[5]. ¿Acaso (acabamos de compro-
barlo) la conciencia de las edades históricas no es
una forma (entre bastantes más) de guardar distancias y distinguir novedades y vejeces? Y si en
diversos aspectos la Antigüedad sobrevive para
Alfonso (¿no sobrevivía real y efectivamente en
múltiples usos y actitudes coetáneos?), en otros
tantos sí está definitivamente conclusa; en cualquier caso, la misma dualidad   registra en nuestros días, tan orgullosos, por ejemplo, de la muy
cacareada «tradición occidental» y no en todas partes libres del arado romano... Por otro lado, si
algo hay evidente en la *General estoria,* es el sos-
tenido esfuerzo por reconstruir a todo propósito

état de perpétuel anachronisme et que [...] n'imaginent d'autres costumes, d'autres édifices, d'autres moeurs que les leurs.»
Generalizaciones por el estilo son comunísimas. Pero no cabe
juntar en un mismo costal a Alfonso y —digamos— al igno-
rante ilustrador que pinta a Tisbe sobre una tumba en que
aparece una cruz (cf. E. Panofsky, *Renaissance and Renascen-
ces in Western Art,* Estocolmo-Upsala, 1960, pág. 86 y figura 54).
    4. M. R. Lida de Malkiel, *Romance Philology,* XII, pági-
na 124 (aunque en el trabajo hay otras observaciones bien ma-
tizadas).
    5. A. G. Solalinde, pról. a I, pág. x.

la vida de antaño y subrayar su heterogeneidad respecto a la contemporánea; de ahí las fórmulas tan menudeadas: «era estonces en uso» (I, página 209 *a*), «en el tiempo antigo tal costumbre solié seer» (215 *a*), «tal era la costumbre» (219 *b*), «tal costumbre era en aquella sazón» (256 *b*), etc., etc.

Por supuesto, ese esfuerzo no siempre llega a buen fin. En muchas ocasiones, en particular, las fuentes traicionan a Alfonso: la autoridad se impone a la crítica, y el anacronismo hace entonces acto de presencia. Pero más de una vez el cotejo minucioso mostraría que la versión alfonsí ha operado una selección de datos que supone un avance notable respecto al criterio histórico del original que se los suministra. Con frecuencia se ha advertido, por ejemplo, que las noticias de Alfonso sobre la mocedad de Júpiter contienen diversos gazapos, amén de harta fantasía, llegados mayormente del *Pantheon* de Godofredo de Viterbo [6] Mas no parece haberse atendido a la declaración de principios de los compiladores, que, frente a siglos de historiografía legendaria, afirman su decisión de narrar sólo algunos episodios creíbles: «Deste rey Júppiter cuentan *todos* los gentiles e cristianos tan grandes poderes e tantas cosas, que diz que apenas los credién los omnes; e porque digamos nós ende *algunas cosas daquellas que son de creer,* como las fallamos contadas de los otros

6. Cf. M. R. Lida de Malkiel, *ibid.,* pág. 121.

sabios, queremos fablar aquí luego de la çibdad
de Athenas, ó nasció este rey», etc. (I, págs. 191-
192). La *General estoria* no duda en apartarse de
«todos» los autores que maneja y, en vez de re-
petirlos tal cual (por mucho que se complazca en
la exhaustividad), cribar los materiales que juzga
más ajustados a la realidad. Obviamente, la malla
del cedazo es ancha, y se cuela buen número de
impropiedades; pero ello no quita importancia al
cernido, prueba de un rigor historiográfico muy
por encima del normal en la época. Pues para cali-
brar el sentido de la historia en la obra alfonsí,
naturalmente, el patrón no pueden ser nuestras
exigencias de hoy (no, sobre todo, nuestra comprensión arqueológica de los textos clásicos), sino
el tono predominante en el siglo XIII.

El estudioso, por otra parte, debe andar con
cuidado al indicar los «anacronismos» de la *General estoria,* para no cometerlos él mismo. Puede
sorprender, así, el aserto de que entre los hijos
de Júpiter abundaron los «*condes* de muy gran
guisa» (I, pág. 200 *b*); pero en las *Partidas* se
descubrirá que «conde» vale sencillamente "cor-
tesano de alto rango" (II, I, 11). O cabe preguntarse si traducir «inferiae» por «nouenas»[7] no es
sólo una forma de expresar cómoda y rápidamen-
te el concepto de "honras funerarias", sin detallar
de cuáles se trata: pues en quien tan detenidamente ha hablado ya del «duelo» entre «los antigos»,

---

7.   Anota el pasaje M. R. Lida, *ibid.,* pág. 124

señalando analogías y diferencias respecto a los usos medievales (I, págs. 256-257; II, 1, página 172 *a*, etc.), ese proceder sería menos de extrañar que una tosca confusión de épocas.

Ese proceder, desde luego, es común en la obra. Valga un ejemplo. Hemos visto que se ha creído reconocer en Alfonso una incapacidad de imaginar «otro orden [...] religioso distinto del suyo».[8] A arriesgar tal observación sin duda ha contribuido la frecuencia con que los compiladores atribuyen títulos de la jerarquía cristiana a figuras del mundo judío y gentil (por lo demás, en un contexto donde si algo se recuerda a cada paso es la irreductible distancia que separa a la cristiandad del judaísmo y la gentilidad). Aludo a pasajes como el siguiente: «Andados seze annos daquella seruidumbre de los fijos de Israel, fizieron los arguíos [*sic*] en Argos obispado primeramientre, e fue ende el primero obispo uno que dixieron Callicias, fijo de un príncep que auié nombre Pirant» (I, pág. 274 *b*). Pero ¿significa ello que Alfonso trasladara a Argos la realidad eclesiástica de sus días y, ante la imposibilidad de concebir otros modos de religión, creyera en la existencia de obispos entre los paganos? En absoluto. Para empezar, Alfonso conoce perfectamente el valor

8. Con más cautela, doña María Rosa Lida, *ibid.*, pág. 127, habla de «la incapacidad de Alfonso, a pesar de sus contactos personales con judíos y árabes, de *admitir* otra religión que la suya». Con todo, claro está que la tolerancia no es un criterio historiográfico.

etimológico de «obispo», es decir, «"entendient
sobre los otros", porque a de entender sobre los
pueblos por guardarlos spiritalmientre». Sabe que
existe una jerarquía religiosa entre los hebreos
—en tanto tal, comparable a la cristiana— y que
en ella un grado lo ocupa un «príncep de los sacer-
dotes», de nombre distinto, «segund el lenguaje
que estonces usauan todos», pero de calidad y
condición similares a las de un obispo (I, pág. 456).
Bien al tanto de todo ello, pues, puede referirse
a Melquisedec como el primer «obispo de Dios en
Iherusalem», decir que a los descendientes de
Aarón «mateniélos ell obispo» (I, págs. 124,
519), etc., y, naturalmente, no cometer ningún
anacronismo. Por otra parte, está informado de
que Anfiarao «era maestro *de su ley* e nombrado
sobre todos los otros sabios del reyno» (II, 1,
pág. 362 *a*); y, por consiguiente, de acuerdo con
sus hábitos para aludir al orden sacerdotal de la
Antigüedad, le parece lícito llamarlo obispo (y no
«archevêque», como hallaba en el *Roman de Thè-
bes*). Y tampoco ahora se hace reo de lesa historia.
Al contrario, atendiendo a ese sentido genérico
de «obispo», se preocupa de señalar que la dignidad de tal y otros linajes de «prelados auién ya
estonces los gentiles e los ouieron después, e
antes los fizieron ellos que los ebreos, e aún antes
que nós los cristianos los ouiéssemos» (I, página 318 *b*). O, aparte indicar (según las fuentes
de que dispone) la cronología relativa de los diversos tipos de «episcopado», insiste en los rasgos

singulares de cada uno (I, pág. 301 *b*). Y no sólo
moviliza semejantes maneras historiográficas, sino
que incluso, cuando emplea el tratamiento en
cuestión para hebreos o paganos, suele introducir
coletillas o precisiones que subrayan el valor rela-
tivo, aproximado, de la designación: «*su* obispo,
el mayor que *los gentiles dallí* auién» (I, página 114 *b*); «sus obispos» (294 *b*); «los abenido-
res, que diz aquí la *Glosa* que eran estonces los
prelados de su esglesia» (421 *a*); «el *so* obispo
de los gentiles» (II, 1, pág. 193 *b*), etc. De tal
forma, el recurso a la voz «obispo» a propósito
de judíos y paganos no supone ignorancia, confusión de planos temporales, ni falta de comprensión
de otros modos religiosos que los medievales: es
simplemente un sistema de expresar lacónicamen-
te unas nociones que ya se explican por largo en
unos cuantos pasajes, y de introducir, al tiempo,
un término de referencia que facilite el entendimiento del lector de la época.

Porque, eso sí, a Alfonso le agrada ofrecer un
punto de cotejo con las realidades del siglo XIII,
pero, al hacerlo, realza tanto las semejanzas como
las disparidades. Por ahí, desde luego, no peca
de anacrónico. Anacrónico es el poeta del *Libro
de Alexandre,* cuando pinta al protagonista, «en
romería», como si se tratara de un peregrino a
Santiago:

> el rrey Alexandre, sennor de grant ualía,
> entról en coraçón de hyr en romería.

Priso su esportiella e tomó su bordón,
pensó d'yr a ueer el templo de Salamón (1167-
[68) [9].

Aquí sí, la vida contemporánea se ha introducido
en el cuadro antiguo, se han roto las distancias.
Mas no ocurre lo mismo en la *General estoria*.
En ella, al presentar la ida de Rebeca al monte
Moria «a demandar conseio a Dios», se anota que
hizo el viaje «*como* en romería» (I, pág. 170 *a*).
Vale decir, se compara lo pasado y lo presente,
pero en ningún modo se confunde. Y la prueba es
que en otros momentos, tratando pareja materia,
los dos polos de la comparación se extienden y
precisan, oponiéndose en la misma medida en que
se aproximan: «andaua él de tiemplo en tiemplo
ó sabié que se ayuntauan sus gentiles a sus romerías —como uan agora los nuestros cristianos a
las suyas e oýmos aun que los moros andan en
las suyas» (I, pág. 611 *b*); «e yuan cada unas a
ondrar sus fiestas, las unas a unos montes, las
otras a otros, assí como auemos aún agora en la
nuestra cristiandat por costumbre que uan los
omnes en sus romerías...» (II, 1, pág. 255 *a*). Es
obvio que ambos planos están nítidamente deslin-
dados (nótese el cuidadoso contraste: «sus gentiles» / «nuestros cristianos», «sus fiestas» /
«nuestra cristiandat») y que la similaridad no
lleva a mezclar en una las dos imágenes.

9. Cf. ahora I. Michael, *The Treatment of Classical Material in the «Libro de Alexandre»*, Manchester, 1970, pág. 105.

También en otros dominios, desde luego, se proponen paralelismos de lo añejo y lo moderno, libres, sin embargo, de todo equívoco. Así, la «medida "gomor", et ell "assario" que dize Josepho, *puede seer como* la medida que dizen en Castilla "celemín", o aun menos» (I, pág. 376 *b; cf.* 502 *b*); «la "duerna" [que dize maestre Pedro] *podrié seer* un baçín» (377 *b*); «e por estos panes "lugana" suelen dezir en el lenguaje de Castiella "crespillos", e algunos dizen que les *podemos otrossí dezir* "bonnuelos"» (458 *a; cf.* 459 *b,* 513 *b*); «e esta farina era *como* aquello a que en Castiella dizen "polienta"» (502 *b*), etc. No contento con las cautelas por el estilo, Alfonso puede ser aún más tajante e introducir el cotejo en forma explícitamente negativa: «E este sacrificio *non semeia* a las cofradías que los buenos omnes e las buenas mugeres fazen agora en Castiella...» (I, pág. 503 *b*). Bien se ve que la *General estoria* es muy capaz de «reconstruir otros tiempos, otras costumbres», sin necesidad de olvidar los suyos; y, sobre todo, que el trabajo alfonsí está presidido por una tenaz voluntad de comprensión estrictamente *histórica*.

Pues jamás debe perderse de vista (como bien ha recordado José Antonio Maravall) que el «saber histórico es un saber del presente» y cuaja «al ordenar una masa pululante de hechos pretéritos [...] precisamente desde el hoy del historiador. A nadie se le puede ocurrir en serio pensar que la Historia consista en reproducir y enunciar los hechos del pasado [...] sin intervenir para nada en darles una figura inteligible, sin reducirlos a forma, capaz de ser aprehendida y asimilada según la función propia de la inteligencia» [10]. Y, sin embargo, los momentos en que Alfonso contempla los sucesos narrados a la luz de sus propios juicios, prejuicios o experiencias, han llegado a estudiarse poniéndolos bajo el signo de la «actualización "anacrónica"». Pero ¿cómo reprochar al Rey que avizore el pasado con óptica coetánea, es decir, que aspire a interpretarlo, organizarlo, entenderlo, en fin? Cierto que al obrar así se corre el peligro de introducir en el cuadro conceptos o motivaciones ajenos a él, ignorados por los protagonistas; mas la *General estoria* no puede —nadie puede— dar cuenta del sentido de una realidad más que con los criterios de realidad válidos en su época [11]. Así, del mismo modo que desvela una «figura» (cf. arriba, pág. 69), le ocurre explicar el significado de una acción por criterios (una cierta idea de la justicia o del orden social, digamos) que quizá no regían en los tiem-

10. J. A. Maravall, *Teoría del saber histórico*, Madrid, 1967³, pág. 207.

11. Cf. W. J. Brandt, *The Shape of Medieval History. Studies in Modes of Perception*, New Haven, 1966, *passim*. Nota el profesor Brandt, por cierto, que «one can search through scores of pages of medieval chronicles without finding any interest in motivation at all» (pág. 160); justamente lo contrario ocurre en la crónica de Alfonso, y es uno de los rasgos que le confieren mayor singularidad y relevancia entre las obras maestras de la historiografía medieval.

pos en cuestión: pero tal proceder no afecta tanto al nivel factual como al nivel *significativo,* donde la libertad del historiador tiene ancho campo. Por otra parte, la finalidad ejemplar que se atribuía a la historia (cf. I, pág. 3 *b*) invitaba a multiplicar las referencias al presente, a reforzar la perspectiva contemporánea.

Gracias a ese planteamiento la *General estoria* se convierte a menudo en espejo de la España del siglo XIII. Por sus páginas desfila una abigarrada caravana: los leprosos que piden limosna haciendo sonar las tablillas (I, pág. 534 *a*); el maestro que repasa una lección ante los alumnos, en espera de preguntas (707 *b*); los que hacen promesa de recluirse en el claustro por unos años (617 *a*); los peregrinos a Santiago, Rocamador, Santa María de Salas, Roma, Jerusalem (II, 1, pág. 255 *a*); los devotos «que comiendan sus bestias a Sant Antón, e los ganados a Sant Pastor e las gargantas a Sant Blas, quando espina o huesso les fiere ý, o alguna exida» (I, pág. 607 *b*); los imagineros, que tallan y venden, y los artesanos que hacen filigranas de «orebzía» u orfebrería (89 *a*, 21 *a*); los agonizantes, en el lecho de muerte (684 *a*), y tantos más. Así se evocan los vestidos de novia (568 *a*) y los duelos (257 *a*; II, 1, pág. 172 *a*); las reyertas entre los moros (I, pág. 289 *a*) y los convites de las cofradías castellanas (503 *b*); «los arcos e los caualiellos e los otros estrumentos de las alegrías de la fiesta de Sant Johan e de Sant Pedro, que dizen de los arcos e la pala»

(II, 1, pág. 164 a) [12]; el bautizo de las naves (59 a); las cantigas de escarnio y las de encomio (II, 2, pág. 37 a); la doma de los caballos de combate (I, pág. 563 b); la escritura «de los godos [...], a la que llaman agora letra toledana, e es antigua, e non qual la que agora fazen» (167 a), y cantidad de otros deliciosos particulares [13]. Si a todo ello se suman los frecuentes comentarios sobre la moral, la religión o la sociedad, habrá que conceder que el enfoque desde un hoy, desde un aquí y un ahora, aparte no atentar contra el sentido de la historia, enriquece sobremanera la obra alfonsí precisamente en tanto tal historia: no ya mera crónica o registro, sino cabal y jugosa historia.

12. Sobre las fiestas de San Juan (las raíces de cuyos entretenimientos Alfonso sitúa en «las costumbres de los gentiles»), comp. S. G. Armistead y J. H. Silverman, «La sanjuanada: ¿huellas de una [jarcha] mozárabe en la tradición actual?», en NRFH, XVIII (1965-1966), págs. 436-443.

13. Algunos más revela, por ejemplo, el cotejo de las fuentes: así, cierto pasaje permite entrever cómo se ejecutaba el canto coral entre el pueblo (cf. F. Rico, «Çorraquín Sancho, Roldán y Oliveros: un cantar paralelístico castellano del siglo XII», en Homenaje a la memoria de A. Rodríguez-Moñino, Madrid, 1973, en prensa, n. 47). En varias ocasiones son locuaces los mismos silencios o el tono de las referencias: por ejemplo, en I, pág. 86 a, hay unas líneas que interesan a la historia del teatro hispano medieval.

Alfonso X y Júpiter

La trabazón de presente y pasado en la *General estoria* nos lleva, por más de un concepto, a preguntarnos por la medida en que el propio Alfonso intervino inmediatamente en la redacción de la obra. Con frecuencia se ha respondido a tal cuestión, en términos generales, aduciendo un pasaje de nuestra crónica verdaderamente revelador. Es texto bien conocido, desde que lo exhumó Solalinde [1], pero vale la pena citarlo por entero, pues aún podremos descubrir en él algún rasgo interesante y desatendido. Trata el capítulo, ahí, la aparente paradoja de que la Biblia diga que

---

1. A. G. Solalinde, «Intervención de Alfonso X en la redacción de sus obras», en *RFE,* II (1915), págs. 283-288. Ahora, cf. también los trabajos de Gonzalo Menéndez-Pidal y Diego Catalán, citados más arriba, y las observaciones de David Romano sobre la distinta medida de participación del Rey en las obras científicas y en las históricas y literarias («Le opere scientifiche di Alfonso X e l'intervento degli ebrei», en *Oriente e Occidente nel Medioevo: filosofia e scienze,* Convegno Internazionale, 9-15 Aprile 1969, Accademia Nazionale dei Lincei, Roma, 1971, págs. 677-711).

el mismo Dios escribió las leyes y, también, «que las mandó escriuir a Moysén». Y, dando un paso muy familiar de la condición divina a la condición real [2], la «contralla fabla» se resuelve merced al siguiente paralelo: «El rey faze un libro, non porque l'él escriua con sus manos, mas porque compone las razones dél, e las emienda et yegua e endereça, e muestra la manera de cómo se deuen fazer, e desí escríuelas qui él manda; pero dezimos por esta razón que el rey faze el libro. Otrossí quando dezimos "el rey faze un palacio", o alguna obra, non es dicho porque lo él fiziesse con sus manos, mas porquel mandó fazer e dio las cosas que fueron mester pora ello; e qui esto cumple, aquel a nombre que faze la obra, e nós assí ueo que usamos de lo dezir» (I, pág. 477 b).

Evidentemente, el proceso descrito se aplica a la *General estoria:* la compilación del libro se retrata en el mismo libro. Al glosar un detalle,

---

2. Cf. I, págs. 131 b («Et esto fizo Dios [...] como rey e emperador e sennor») y 395 («a esta semeiança [...] de Dios [...] los reyes de las tierras», «por semeiar en los bienes al Sennor», etc.). Recuérdese que el trasvase de lo divino a lo real y viceversa no sólo subyace a muy serias doctrinas religiosas y políticas de la época (cf. sólo J. Leclercq, *L'idée de la royauté de Christ au Moyen Âge,* París, 1959, y E. H. Kantorowicz, *The King's Two Bodies: A Study in Medieval Political Theology,* Princeton, 1957), sino que también tiene una vertiente literaria y aun frívola (vid. F. Rico, «Unas coplas de Jorge Manrique y las fiestas de Valladolid en 1428», en *Anuario de estudios medievales,* II [1965], pág. 520, y K. Whinnom, *Spanish Literary Historiography: Three Forms of Distortion,* Exeter, 1967, pág. 21).

se nos introduce en el atareado taller historiográfico alfonsí, donde el soberano selecciona el asunto y fija el plan, revisa el trabajo, orienta y determina el cometido de los varios colaboradores. Mas no se limita a ello: en alguna ocasión, se diría claro que llega a dictar ciertas «razones». Nuestro pasaje, por lo menos, contra el proceder exclusivo en el resto de la obra (prólogos aparte) y contra lo que sería de esperar en quien estuviera elaborando unas meras indicaciones no definitivamente formuladas, se cierra con una advertencia en primera persona del singular, que contrasta, por si fuera poco, con el "nosotros" generalizador de la oración subordinada: «e nós assí *ueo* que usamos de lo decir» [3].

Es en extremo sintomático que el "yo" de Alfonso se trasluzca para recoger la propia experiencia del monarca, por un lado, y, por otro, una observación sobre un asunto que concierne o puede concernir a cualquier rey. Y si el tal fragmento fue escrito al dictado, según todas las probabilidades, parece verosímil conjeturar que buen nú-

---

3. Comp. el dato con el proceder del *Libre dels feyts* de Jaime I, donde, si priva el *nós,* no faltan ejemplos del *jo;* cf. M. de Riquer, *Història de la literatura catalana,* I, Barcelona, 1964, págs. 399 y 402, y prólogo al facsímil del *Libre,* Barcelona, 1972. Y recuérdese el contraste, en las *Cantigas,* de las expresiones «*eu* compuse», «*eu* fiz», etc., frente a «ordenei que se escrevera», «quero que seja colocado», etc.; vid. J. Filgueira Valverde, en G. Díaz-Plaja, ed., *Historia general de las literaturas hispánicas,* I, Barcelona, 1949, pág. 603, y F. Márquez Villanueva, «La poesía de las *Cantigas»,* en *Revista de Occidente,* núm. 73 (abril de 1969), pág. 91, n. 8.

mero de los comentarios en torno a derechos, deberes y maneras de la realeza y las gentes «de altas sangres» responde también al estímulo directo de Alfonso [4]. Desde luego, es un hecho que una porción importante de las que cabría tratar de «digresiones» (glosas, meditaciones y *obiter dicta* que no constituyen propiamente una nota explicativa del relato) alude a temas que encajarían a maravilla en cualquier tratado *de regimine principum*. En más de un caso, semejantes apostillas proceden de las fuentes utilizadas para el cuerpo de la narración; pero igualmente resulta obvio que se les ha hecho sitio por referirse a esa y no a otra materia [5]. Así, al encontrar en las *Metamorfosis* (II, 846-847) un par de versos sentenciosos sobre «maiestas et amor», Alfonso los destaca como provechosos para la instrucción de príncipes y

4.   Cosa parecida ocurre en otras obras patrocinadas por el soberano (y aun hay abundantes análogos en toda la literatura medieval, en cuya gestación las cortes tienen papel tan decisivo); por no aducir ejemplos más conocidos, recordaré que la epístola «Aitan grans com devers» (1277) de Guiraut Riquier constituye un verdadero compendio *de regimine principum* y no sólo va enderezada a Alfonso, sino que creo seguro que también fue encargada por él (para la bibliografía, *Grundriss der romanischen Literaturen des Mittelalters,* VI/1, págs. 101-102, y VI/2, pág. 146; y V. Bertolucci Pizzorusso, «La supplica di Guiraut Riquier e la risposta di Alfonso X di Castiglia», en *Studi mediolatini e volgari,* XIV [1966], págs. 9-135).

5.   Del mismo modo, es cierto (como ya observó J. A. Sánchez Pérez) que Alfonso mandó traducir el *Libro de las cruzes* en atención al gran número de capítulos sobre «las faziendas de los reyes»; cf. la edición de L. A. Kasten y L. B. Kiddle, prólogo de J. A. Sánchez Pérez (Madrid, 1961).

magnates, les confiere el honor de transcribirlos en el original y los explana con atención: «Pone Ouidio en este logar por sos uiessos en so latín una muy buena façanna de ensennamiento pora los reyes e pora los otros omnes que son puestos en grandes dignidades e onras, e dize assí en el latín: "Non bene conueniunt nec in una sede morantur / magestas et amor". Et quiere assí dezir este latín en el nuestro lenguage de Castiella: "non conuienen bien nin moran en una siella la magestad e ell amor". Et es de saber que llama aquí Ouidio "magestad" a la onrra e al contenent e a tod el debdo que el rey o otro príncep o prelado de Santa Eglesia deuen catar et mantener en las dignidades en que son», etc., etc. (II, 1, pág. 56 b).

Pues en cien ocasiones más, la *General estoria* se demora en probar que los príncipes «no fazen peccado en matar a los malos omnes segund fuero e ley» (I, pág. 405 b)[6], señalar los derechos del soberano (522 a), aclarar un dicho de Ovidio sobre toda «potentia» o «poder [...] de sennor» (597 a), dar cuenta del «pesar e la yra» de los reyes (II, 1, pág. 26 a) o de la honra que reciben de sus herederos (268 a), explicar que la «grandez de coraçón» se sublima en el monarca (II, 2, pág. 347 a) o que en él se da la máxima potestad

---

6.   No creo que haya en el pasaje, págs. 405 b - 406 a, ninguna alusión justificativa a la ejecución del infante don Fadrique y de Simón Ruiz de los Cameros (1277), que debe de ser posterior a la redacción de la Primera parte.

de la caballería (298 *a*) [7], y examinar otros muchos asuntos similares. La perspectiva de quien se sienta en un trono se hace presente de mil modos: desde un inciso para aclarar que los males de la segunda edad venían «por las culpas de los pueblos, e non de los reyes» (I, pág. 199 *b*), hasta el consejo de que los «mayores» en sangre y dignidad se guarden del vino «e de los fechos uergonnosos» (II, 1, pág. 235 *b*), pasando por la decidida afirmación de que «son los reyes en los sesos más agudos que los otros omnes» (I, página 290 *b;* cf. abajo, pág. 133). Como apuntaba, es presumible que tales acotaciones *de regimine principum* y la coloración regia del conjunto se deben en gran medida a muy específicas indicaciones de Alfonso y, en algún momento, reflejan su intervención directa, según se echa de ver en las precisiones sobre el modo en que «el rey faze un libro».

Ciertos pasajes, en particular, tienen tono de auténtico desahogo personal y aun autobiográfico. La reiterada, quejumbrosa censura de los vasallos rebeldes y la melancólica evocación de épocas menos dadas a discordias, sobre todo, se explican mal

---

7.   Alfonso tenía a gran honra la facultad real de armar caballeros y hacer escuderos: de ahí la referencia, en la *General estoria,* a la creación de «los dozientos» de Sevilla (cf. abajo, página 118), o que no se le ocurra forma más digna de fechar el *Fuero Real* que indicando que se concluyó «en el anno en que don Odoarte, fijo primero heredero del rey Enrric de Anglatierra, resçibió cauallería en Burgos del rey don Alfonso el sobredicho» (cf. A. Ballesteros, *Alfonso X,* pág. 142).

por la libre iniciativa de un compilador, pero cuadran perfectamente con la experiencia y las preocupaciones de Alfonso, siempre a vueltas con una nobleza levantisca, y muy duramente enfrentado con ella desde principios de la década de los años setenta, por las mismas fechas en que se iba redactando la *General estoria*. Es el caso que las lamentaciones al propósito son casi un *leitmotiv* de la obra. Así, la mención de «el primero Hércules», en busca de «par» con quien combatir en tierra extraña, lleva a pensar con simpatía «en otros tiempos» mejores, «quando andauan los omnes más a solaz e a su sabor de sí, e non auién que ueer en tantas rebueltas del mundo e lides e malas uenturas *como en el nuestro tiempo*» (I, pág. 305 *a*); la idea del Rey parece clara: ¡cuánto mejor sería que los nobles de España, como tantos caballeros, marchasen a buscar aventuras en otros países[8], en vez de andar en «rebueltas» en su patria! Un «auenimiento» acaecido entre los escitas sugiere una reflexión aún más explícita: «de los poderosos ay algunos que no catando debdo nin bien estança contra sus reyes e sos mayores, nin el pro de su tierra, de los pueblos, nin de la su onrra nin la de ningunos dellos, que se leuantan contral mandamiento de la tierra et contral de los reynos, et son contrallos contra lo que los mantenedores quieren» (II, 1, págs. 119-120).

8.   Vid. M. de Riquer, *Cavalleria fra realtà e letteratura nel Quattrocento,* Bari, 1970.

Y las banderías de los hebreos contra Moisés traen de la mano un comentario sobre cuán poco cabe esperar del «pueblo menudo, que siempre ouo por costumbre e como por natura de querellarse daquel a quien an por sennor, e dezir mal dél e dessearle muert» (I, pág. 643 *a,* y cf. abajo, página 165, n. 27). La acritud de la observación, en contraste con la «verdad oficial», con el modo idealizado y hasta empalagoso en que las *Partidas* tratan las relaciones del rey y pueblo, incluida la «gente menuda, assí como menestrales e labradores»[9], tiene todas las apariencias de expansión malhumorada del propio Alfonso, antes que apostilla poco cauta de un «ayuntador».

La desazón ante la deslealtad de los «poderosos» llega a cristalizar en unas apretadas páginas fáciles de fechar, aproximadamente, y donde se transparenta con nitidez la mano real. En efecto, en el contexto del Levítico, al tratar «de las leyes de las penas que dizen tal por tal» (es decir, de la Ley del Talión), se advierte que muy «dotra guisa se faze agora la emienda e la iusticia por los furtos». Y no deben llevarse las manos a la cabeza los defensores de la inamovilidad del derecho, pues la facultad de alterar las disposiciones legales forma parte de la *regia potestas:* «los emperadores e los reyes e los otros príncipes que mantienen la tierra mesuraron las cosas como

9. Cf. J. A. Maravall, *Estudios de historia del pensamiento español,* I (Madrid, 1967), págs. 128-131.

deuién; e segund que uieron ques mudaron los
tiempos e las costumbres de los omnes, mudaron
ellos las leys e los fueros...» (nótese, al paso, que
Alfonso es bien capaz de «reconstruir [...] otras
leyes u otro orden social»). Es el cambio histórico el que acarrea los cambios de la legislación,
no el capricho de los soberanos: «E por esta razón fizieron los reys aquesto, ca non por sus uo-
luntades nin por sabor que ouiessen de mudar e
renouar fueros». Entiéndase correctamente, por
tanto —continúa Alfonso—, el viejo refrán [10]:
«allá uan leys, ó mandan reys»; y, en forma pareja, repárese en que es la necesidad de castigar
«los malos fechos de los malos omnes» la que hace
«a los reies semeiar brauos e ásperos, porque
ponen a mala llaga mala yerua e amatan mal con
mal». Porque hay que aprender a juzgar a los
monarcas, abrumados por una carga muy superior
a la de cualquier mortal: «auer cuydado d'armas,
de leys e de fueros», defender a todos y a todos
mantener «en justicia et en paz». No sólo eso.
«Aun sobresto fázenles a los reys auer otro cuydado que non es menor de ninguno destos pora
ellos: que se an de guardar en muchas maneras
daquellos mismos a quien ellos fazen bien e merced, e los alçan, e que non uiuen en ál sinon en
aquello que de los reys an, pero no quedan de
contender en traerlos en trabaio en cómo los tollie-

10. Sobre el cual, cf. bibliografía en *Ábaco,* 2 (1969), página 41; y vid. J. A. Maravall, *ibid.,* págs. 109-113.

ssen los regnados, si pudiessen, et aun los cuerpos, si se les pudiesse guisar». Se impone comprender y excusar, pues, los posibles errores reales: «onde si algunos de los reys menguan en algunas daquellas cosas que a complir an, non son de culpar tanto como los otros omnes» (I, págs. 580-581).

Ahora bien, tengo para mí que tales consideraciones nos remiten a la coyuntura del más áspero enfrentamiento de Alfonso con una nutrida bandería de ricoshombres agrupados (desde principios de 1271) en torno al infante don Felipe y a don Nuño González de Lara [11]. En verano de 1272, tras muchos meses de tanteo por ambas partes y tras hartas condescendencias del Rey, se conciertan unas «fablas», y los rebeldes comparecen «todos armados e con gran asonada [...]. E cuando el Rey los vio así venir, tomólo por muy extraño, ca no venían como omes que van a su señor, mas como aquellos que van a buscar sus enemigos». Los fijosdalgo alegan, en primer término, agravios legales: concretamente, «que los fueros que el Rey diera a algunas villas con que los fijosdalgo comarcaban, que apremiaban a ellos e a sus vasallos, en guisa que por fuerza avian de ir a aquel fuero». E inmediatamente arguyen, airados, «que el Rey non traía en su corte alcaldes de Castilla que los juzgasen» [12]. Es decir, aspiran a regirse

11. Cf. A. Ballesteros, *Alfonso X el Sabio*, págs. 477 y siguientes.

12. *Crónica de tres reyes (Alfonso X)*, en *BAAEE*, LXVI, páginas 19 y 20.

todavía por el derogado *Fuero Viejo,* no por el nuevo *Fuero Real* promulgado por Alfonso, y a que sean alcaldes de hidalgos quienes los juzguen —comenta Ballesteros— «por sus vetustos y ya anticuados fueros. Los nobles son enemigos de los progresos del derecho. Que no les hablen de novedades legislativas. Les repugnan. Están aferrados a sus prerrogativas de antaño y no piensan abandonarlas» [13]. Alfonso es generoso (o débil) y hace largas concesiones; pero los sublevados no se satisfacen. Y la situación vuelve una y otra vez al mismo punto de partida.

En cierto momento, en los inicios de 1273, el Rey envía cartas a los principales cabecillas de la facción: les echa en cara, uno por uno, la «mucha honra e mucha merced» que siempre les ha dispensado, les recuerda cómo ha atendido a sus exigencias, les reprocha presentarse a él como ante enemigo, «con grandes gentes armadas» [14]. Y, en la tardía primavera del mismo año (sólo meses después llegará a un acuerdo con los «desnaturados»), escribe a don Fernando de la Cerda una interesantísima epístola [15] en que, junto a oportunos consejos al propósito, recapitula el penoso episodio. «Estos ricosomes —explica— no se movieron contra mí por razón de fuero, nin por tuer-

13. *Ibid.,* pág. 573.
14. *Crónica,* págs. 24-29.
15. Cuyo mejor texto se halla en las *Memorias históricas del rey don Alonso el Sabio,* por el Marqués de Mondéjar, Madrid, 1777, págs. 306-311.

to que les yo toviese: ca fuero nunca gelo yo tollí, mas, que gelo oviese tollido, pues que gelo otorgaba, más pagados devieran ser e quedar devieron contentos; otrosí, aunque tuerto gelo oviera fecho, el mayor del mundo, pues que gelo quería emendar a su bien vista dellos, non avían por qué más demandar. Otrosí, por pro de la tierra non lo facen, ca esto non lo querría ninguno tanto commo yo, cuya es la heredad, ca ellos non an otro bien en ella, si non las mercedes que les nós faciemos. Mas la razón porque lo ficieron fue esta: por querer tener siempre los reyes apremiados e levar dellos lo suyo, pensando e buscando carreras dañosas por do los desheredasen e deshonrasen, commo las buscaron aquellos onde ellos vienen. Ca así commo los reyes criaron a ellos, ellos pugnaron de los destruir e de tollerlos los reinos a algunos dellos, siendo niños; e así como los reyes los heredaron, pugnaron ellos de los desheredar, lo uno consejeramente con sus enemigos e lo ál a hurto en la tierra, llevando lo suyo poco a poco e negándogelo; e así como los reyes los apoderaron e los honraron, ellos pugnaron en los desapoderar e en los deshonrar en tantas maneras, que serían largas de contar e muy vergoñosas. Este es el fuero e el pro de la tierra que ellos siempre quisieron, como malos e falsos naturales...»

Salta a la vista, opino, la similaridad de la secuencia en la carta al infante de la Cerda y en la digresión de la *General estoria,* como, por otra parte, parece lógico, si ambas se ciñen a la realidad de los sucesos. El arranque se centra en un punto de derecho: si los rebeldes rechazan las novedades legislativas, Alfonso, en la *General estoria,* razona que los reyes son dueños de introducirlas, y, en la epístola, tras negar inseguramente que haya alterado los fueros, acaba confesando que sí lo hizo (pues de otro modo no hubiera podido plegarse a las protestas de los ricoshombres).[16] El núcleo final, tanto en las misivas de 1273 a los «desnaturados» y en el memorándum al Infante como en la crónica universal, es un mismo lamento: a las liberalidades regias se responde con deslealtad e insidias, y hasta con amenazas a la persona del soberano (de ahí la repetida queja: «salistes a él armados, non commo a señor, mas así commo si fuésedes buscar vuestro enemigo»[17]). Creo lícito, pues, supuestas las decisivas coincidencias de tono, tema y fraseolo-

16. En efecto, «el *Fuero Real* representaba una reacción contra la ley privilegiada y de clase, era una derogación del *Fuero Viejo* y una sonada medida contra los nobles» (A. Ballesteros, *ibid.,* pág. 143). Recuérdese, por otro lado, que la versión primitiva, alfonsí, de la *Partida I* insiste en que las leyes las hacen y rehacen los monarcas, en tanto la refundición realizada bajo Sancho IV reconoce otras fuentes, no regias, de la potestad legislativa: cf. J. H. Herriot, «A Thirteenth Century Manuscript of the *Primera Partida*», en *Speculum,* XIII (1938), págs. 287-294; E. S. Procter, *Alfonso X of Castile,* Oxford, 1951, págs. 51-62; A García Gallo, «El *Libro de las leyes* de Alfonso el Sabio», en *Anuario de historia del derecho español,* XXI-XXII (1951-1952), págs. 406-410, 448-450.

17. *Crónica,* pág. 25 *b*.

gía [18], datar el pasaje de la *General estoria* hacia 1273, por las mismas fechas en que Alfonso escribía a los «desnaturados» y a los leales cosas tan semejantes. Pienso que en ningún momento se explica mejor la intrusión de meditaciones como las reseñadas en la paráfrasis del Levítico [19]. Y se me antoja claro, en fin, que el Rey intervino muy directamente en la redacción de tales párrafos.

En la carta a don Fernando de la Cerda, por otro lado, Alfonso se dolía de la oposición de los rebeldes a «la ida del Imperio, que es lo más». En efecto, ningún asunto lo desveló tanto en los tiempos que mediaron entre la muerte de Ricardo de Cornualles (abril de 1272) y la enérgica negativa de Gregorio X (verano de 1275): en los años en que mayormente debieron elaborarse la Pri-

18. Comp., por ejemplo, «aquellos mismos a quienes ellos [los reys] fazen bien e merced» (*General estoria,* I, página 581 *b* 6-7): «faciéndovos el Rey estas mercedes e estas honras» (carta a don Enrique, en *Crónica,* pág. 25 *a*), «ca ellos non an otro bien en ella si non las mercedes que les nós faciemos» (carta al infante de la Cerda, ed. cit., pág. 307): «los alçan, e que non uiuen en ál si non en aquello que de los reys an» (*General estoria,* 581 *b* 7-8): «los reyes criaron a ellos [...], los heredaron [...], los apoderaron» (carta al Infante, *ibid.*); «los tolliesen los regnados» (*General estoria,* I, pág. 581 *b* 10-11): «tollerlos los reinos» (carta al Infante, *ibid.*), etc.

19. A. G. Solalinde, prólogo a I, pág. XXII, n. 3, nota que «el pasaje de la pág. 581 *a* 2-23 pudiera referirse a la ingratitud del hermano de Alfonso, el infante don Felipe, y de los ricos hombres que, capitaneados por Nuño de Lara, se rebelaron contra el rey en 1270» (en realidad, en 1271). Creo que mi análisis muestra que es posible una mayor precisión.

mera y la Segunda parte de la *General estoria* [20]
Y no ha dejado de sugerirse una relación entre
nuestra obra y el largo y desafortunado «fecho del
Imperio» [21]. La cuestión no es simple. Desde luego,
no hallo indicios de que tal relación sea deter-
minante, ni siquiera de mediana importancia.
Pero, con toda suerte de cautelas, quizá sí pudiera sospecharse en la crónica un cierto eco, limi-
tado, de las pretensiones alfonsíes a la corona
imperial. En cuanto atañe al presente —en los
libros legales, en la práctica política—, cantidad
de textos y datos parece certificar que el soberano
no cree en la jurisdicción «totius mundi» del Imperio; para él, el Emperador es «primus inter pa-
res», un rey más (el «emperador de Alemania», el
«rey de romanos»), aunque el primero en excelencia [22]. En la *General estoria,* en cambio, se complace en evocar el más vasto ámbito que en los
orígenes correspondió a tal dignidad preeminente,
ya no resuelta en una autoridad universal efectiva,
pero sí beneficiaria de los viejos títulos de nobleza. A la zaga de Orosio, cierto, los compiladores
recuerdan la existencia de «quatro regnos mayo-

20. Cf. arriba, págs. 42-43.
21. Así, A. G. Solalinde, *ibid.,* pág. xi: «Alfonso X, hombre universalista, codiciador de un imperio, investigador del
ámbito astral, no podía resignarse con historiar únicamente lo
acaecido en los confines terrenos de sus dominios».
22. Vid. especialmente J. A. Maravall, *El concepto de España en la Edad Media,* págs. 459-462, y *Estudios de historia
del pensamiento español,* págs. 93-100: son trabajos importantes, aunque para nada atienden a la *General estoria.*

res que los otros», asentados sucesivamente en las cuatro partes del mundo «e aun a ellos entre ssí más altos a los unos de los otros, a grados departidos», que se han ido transmitiendo la «heredat» y el «derecho» del Imperio [23] hasta depositarlos en Roma, a través de Babilonia, Macedonia y Cartago [24]. «Toda potestad e poderío de los otros regnos es sometudo e obedesçe», en su momento y en «la su quarta parte del mundo», a cada uno «destos principales regnos» (y entiéndase —explica la *Estoria*— «"principales" por "sennores"») (I, págs. 80-81). Obviamente, no ocurre así en los días de Alfonso, en los cuales, con todo, sí sobrevive una institución que constituye la última etapa de la «translatio Imperii». De ahí, creo, la indecisión de la *General estoria,* que habla en pasado del «regno» o Imperio «postremero, que *fue* el de los romanos» (80 *b*), pero también precisa que «dura fasta agora» (80 *a*) y aun puede admitir que «durarié siempre» (72 *b*) [25]. La vacilación parece deberse a la ambigüedad con que se concibe el Imperio, caducado en tanto dominio

23. Aunque sólo se hable de «regnos mayores» o «principales», la tradición del tema y la *Estoria de España,* pág. 15 *b* (y cf. 56 *b*, 86 *b*), certifican que se trata del Imperio.

24. Cf. J. W. Swain, «The Theory of the Four Monarchies», en *Classical Philology,* XXXV (1940), págs. 1-21, y W. Goez, *Translatio imperii. Ein Beitrag zur Geschichte des Geschichtesdenkens und der politischen Theorien in Mittelalter und in der frühen Neuzeit,* Tubinga, 1958.

25. Este último texto confirma que el «agora» del anterior no es simple cita de Orosio (II, I, 4: «quod usque ad nunc manet»), sino que alude a la época de Alfonso.

universal, pero, por un lado, con vida nominal y honorífica, y, por otro, con una sede geográfica nada desdeñable.

Sea de ello lo que fuere (sin duda caben distintas posibilidades de enlazar la *General estoria* con las restantes manifestaciones de la idea alfonsí del Imperio), la crónica universal, en otro pasaje, sí reivindica una «translatio potestatis» de la gloriosa antigüedad a los emperadores coetáneos y, por ende, tácitamente, a Alfonso X. En efecto, al trazar la biografía de Júpiter, se incluye una interesante acotación que nos transporta de los balbuceos de la humanidad al corazón del siglo XIII. Hela aquí: «Et de Júppiter et desta reyna Niobe uinieron Dárdano et Troo, que poblaron Troya [...] et del linage deste Júppiter uino otrossí el grand Alexandre, ca este rey Júppiter fallamos que fue el rey deste mundo *fastal día d'oy* que más fijos et más fijas ouo, e condes de muy grand guisa todos los más, e reýnas, como uos contaremos en las estorias de las sus razones. E dél uinieron todos los reyes de Troya, e los de Grecia, e Eneas e Rómulo, e los césares e los emperadores; e el primero don Frederico, que fue primero emperador de los romanos, et don Frederic, su nieto el segundo deste don Frederic, que fue este otrossí emperador de Roma, que alcanço *fastal nuestro tiempo,* e los [¿emperadores?] uienen del linage dond ellos e los sos, e todos los altos reyes del mundo dél uienen» (I, págs. 200-201). Se me antoja muy significativo que, de «todos los altos reyes» modernos que cabía citar, Alfonso (¿quién si no?) sólo mencione explícitamente a su bisabuelo Barbarroja y a su tío Federico II: es decir, a los dos grandes emperadores de la casa de Suabia, de donde emanaban sus propios derechos y ambiciones imperiales [26]. En otras palabras: el Rey de Castilla da entender que entronca con los soberanos más ilustres del mundo antiguo (sin olvidar a Alejandro y a los fundadores de Troya) precisamente en su condición de emperador electo. Ese planteamiento solapado quizá sea anterior a la renuncia definitiva (en 1275) al sello imperial y a la titulación de «rex Romanorum», ante la dura protesta de Gregorio X [27]. Pero sobre ello no caben certezas y lo importante es que por tal entronque con Júpiter, Alejandro, los troyanos y demás caterva regia, la *General estoria,* la historia universal, se convierte en cierta medida en historia propia, en historia de familia. La afirmación puede parecer harto aventurada. Pero, por un lado, las «Regum series» de los *Cánones crónicos* y su posteridad amparaban ya una concepción de la historia universal en que las genealogías reales desempeñaban un papel decisivo, al arrimo de la creencia en que todas «las potestades e los pode-

---

26.   En la *Estoria de España,* pág. 678, *a,* Alfonso interviene personalmente para dejar constancia de su parentesco con los emperadores de Oriente: «don Baldovín et su mugier doña María fueron alçados señores del imperio de Constantinopla. Et dize ell Arçobispo aquí: "Dios guarde ell estado dellos"; et dezimos Nós: "Amén, ca debdo avemos í"».

27.   Cf. A. Ballesteros, *Alfonso X,* pág. 772.

ríos, de Dios son» (I, pág. 80 *a*). Por otra parte,
el interés de Alfonso por la antigüedad, la convicción de que podía tomarla por modelo y hasta
superarla, la conciencia de continuidad respecto a
ella (aunque a muchos propósitos la diera por definitivamente conclusa) eran lo bastante intensos
como para permitirnos conjeturar que el parentesco con Júpiter y su linaje, que hoy nos hace son-
reír, tenía para el Rey un sentido valioso, efec-
tivo, perfectamente inteligible.

En las páginas que la *General estoria* dedica al
Padre de los dioses, además, ¿no parece como si
Alfonso quisiera resaltar en Júpiter perfiles que
le complacían en su propio retrato? Lo primero
era indicar que de Júpiter «uinieron los reyes de
Roma e de Troya e de Grecia e los otros altos
príncipes» (I, pág. 191 *b*), entre quienes, como
sabemos, figura Alfonso, «Romanorum rex». Después, la consanguinidad se convierte en afinidad
intelectual. Alfonso se enorgullecía con buenos
motivos de la gigantesca tarea de codificación legal que había realizado [28]: «*fasta en el su tiempo*»
los castellanos se regían «por fazannas e *por alve-
dríos* departidos de los omnes, e *por usos* desa-
guisados e sin derecho» [29], o, en el mejor de los
casos, recurrían a «fueros de libros minguados»,
de suerte que «algunos *raiénlos et camiáuanlos*

28. Comp. J. A. Maravall, *Estudios de historia del pensamiento español*, I, págs. 105-109.
29. *Opúsculos legales del Rey Sabio*, Madrid, 1836, II,
página 6.

como ellos se querían»; pero él reunió y seleccionó las aportaciones dispersas, añadiendo muchas novedades y poniendo el conjunto por escrito: «et catamos et *escogiemos* de *todos los fueros* lo que más ualié et lo meior, e posiémoslo y, también del fuero de Castiella como de los otros logares que nos fallamos que eran derechos et con razón» [30]. Y la *General estoria* refería que la primera gran empresa de Júpiter fue exactamente paralela: «las yentes que fueron algún poco *antes del su tiempo* deste rey Júppiter [...] non auién aún ciertos fueros nin ciertas leyes, nin los pusiera aún en escripto ninguno, e andauan *por uso* e *por aluedrío,* e ell un día las ponién e ell otro *las mudauan e las tollién,* de guisa que non auién aún fuero nin ley estable [...] Et esto sopo muy bien *escoger* este rey Iúppiter [...] et ayuntó *todos los fueros* e todas las leyes e tornólas en escripto et fizo libros dellas» (199-200). Todo lo cual —hay que añadir— resulta especialmente sintomático, en tanto el Rey no lo halla en las fuentes, sino que lo conjetura a partir de ellas (cf. 199 *b* 5-6): es el pintar como el querer, el adivinar (que no falsificar) un precedente ilustre de la obra propia. Godofredo de Viterbo, por otro lado, proporciona la noticia (destacada desde el mismo epígrafe del capítulo) de que Júpiter «romançó las artes en Athenas liberales», entiéndase que «en romanz de Grecia» (200 *b*). La gloria que Alfonso recaba

---

30. *Ibidem,* I, pág. 2.

para su ilustre abuelo, ¿no es la misma que desea para sí? Pues no otro que Alfonso (como declara el *Libro de los juicios de las estrellas*) es quien «ama e allega assí los sabios [...] e les face algo e mercet porque cada uno dellos se trabaia espaladinar los saberes en que es introducto e tórnalos en lengua castellana»; quien «sempre desque fue en este mundo [...] alumbró e cumplió la gran mengua que era en los ladinos» [31]. No otro es quien (según un célebre pasaje de don Juan Manuel) «tanto cobdició que los de sus regnos fuesen muy sabidores, que fizo trasladar en este linguaje de Castiella todas las sciencias, también de theología como la lógica et todas las siete artes liberales...» Idéntica labor de vulgarización de los saberes, pues, honraba a Júpiter y a Alfonso X. Entre uno y otro, a través de los tiempos, se establece un intercambio en el que el Rey de Castilla presta su experiencia legal al Padre de los dioses, porque en él halla patrocinio e inspiración para otros quehaceres culturales. Alfonso, así, aparece personalmente implicado en la narración de sucesos tan remotos como los orígenes del derecho escrito y de la difusión de las ciencias.

De esa relación vital, familiar, con el mundo antiguo hay en las dos primeras partes de la *General estoria* un par de testimonios indudables, precisamente en los dos únicos lugares (aparte la

---

31. *Apud* G. Menéndez Pidal, «Cómo trabajaron las escuelas alfonsíes», pág. 365.

introducción) en que se menciona el nombre de
Alfonso. Cuenta la crónica, así, de Cícrops (es
decir, Cécrope), rey de Atenas y restaurador de
los buenos saberes, y señala que por entonces floreció Ixión, «el que primero falló manera de armar cauallero pora sobre cauallo, e de la primera
uez que esto fizo armó .c. caualleros desta guisa
[...], e púsol el rey Cícrops a aquellos caualleros
e díxoles "centauros", que quiere dezir tanto como
.c. armados, e assí ouieron nombre dallí delant
quantos daquel linage ouieron» (I, págs. 329-330).
Pues bien, la institución de la caballería centáu-
rica, en tal marco, inmediatamente transporta al
Rey a la época del repartimiento de Sevilla, ciudad
en que había establecido «estudios e escuelas generales» [32] (al igual que Cícrops «reffizo los estudios» en Atenas) y en la que constituyó y heredó
a doscientos caballeros de linaje [33]. Para él, cierto,
la creación de los centauros ocurrió «a la manera
que el muy noble e muy alto el dezeno don Alfonso, rey de Castiella, de Toledo, de León e del
Andaluzía, que compuso esta *Estoria,* que en la
muy noble cibdad de Seuilla, que a onrra de Dios
e de Sancta María e del muy noble e muy sancto
rey don Fernando, su padre (que escogió allí la
su sepultura e metió allí el su cuerpo), que esta-
bleció dozientas caballerías que dio a dozientos
caualleros que las ouiessen pora siempre, ellos e

---

32.   Cf. G. Menéndez Pidal, *ibidem,* pág. 366.
33.   Vid. A. Ballesteros, *Alfonso X,* págs. 80-83.

los sus primeros fijos herederos, e otrossí, dend
adelant, todos los sus a esta guisa por linage, porque guarden el cuerpo del rey don Fernando, su
padre, e la uilla, e sean ellos ricos e abondados, e
llámanlos a todos en uno "los dozientos", e a[l]
uno dellos en su cabo "dozenteno", e a dos "do-
zentenos", e aun assí a los otros fasta somo de la
cuenta toda cumplida, e a un de los sus donadíos
"dozentía", e a más "dozentías"» (330 *b*). Alfonso, pues, se siente en línea con Cícrops e Ixión,
y no deja de insinuar que es capaz de competir
con ellos y sobrepujarlos: los centauros quedan
chicos ante los «dozientos» de Sevilla, y el Rey
recibe en consecuencia mayor honra.

En tales condiciones, claro está que el conocimiento de los hechos de los antiguos no podía ser
para él la satisfacción de una mera curiosidad arqueológica, sino una experiencia rica en resonan-
cias personales. No en vano (como tantos, desde
Grecia) tenía la historia por maestra de la vida
(cf. I, pág. 3 *b*) y no en vano pensaba llevar la
crónica desde el principio del mundo hasta su
tiempo (cf. arriba, pág. 50): la materia historiable constituía un solo bloque y comportaba una
unidad de significado; y en ese ámbito unitario
el cotejo de pasado y presente resultaba cosa obli-
gada (cf. arriba, págs. 51 y sigs.), sin menoscabo
de conceder tanto relieve a las diferencias como a
las analogías.

La conexión con el orbe clásico y mitológico
era título de nobleza, fuente de legitimidad y for-

ma de realzar la valía del país propio en el concierto de los pueblos, en lo antiguo igual que en lo moderno. Rodrigo Jiménez de Rada (a zaga de Al-Razí) había buscado ese enlace trayendo a Hércules a España e inventándole un compañero, Hispán, a quien el heroico dios confió el gobierno de la Península [34]; y a Hispán atribuye el Toledano, entre otros méritos, la construcción del Acueducto de Segovia (*Opera,* pág. 12 *a*). Pero Alfonso va más allá y busca asumir tal conexión no ya con palabras, sino con hechos: halla el monumento en estado ruinoso y se muestra digno sucesor de Hispán mandándolo restaurar. El camarada de Hércules «fizo ý [en Segovia] aquella puente que es ý agora —por do viniesse el agua a la villa—, que se yua ya destruyendo, e el rey don Alfonso fízola refazer e adobar, que viniesse el agua por ella a la villa commo solía, ca auía ya grand tienpo que que non venié por ý» (cf. arriba, pág. 42, n. 12). Pues «aquella puente» es también símbolo y cifra de la relación de Alfonso con la Antigüedad: del antaño distante, pero comunicado con la actualidad, por el acueducto de la historia, fluyen las aguas que sustentan y animan el hogaño.

---

34. Cf. R. B. Tate, «Mitología en la historiografía española de la Edad Media y del Renacimiento», en los citados *Ensayos,* págs. 15-19.

EL SABER DE ALFONSO EL SABIO

IMAGEN

No puede sorprender que la *General estoria* se abra con una cita del texto más manoseado de Aristóteles: «Natural cosa es de cobdiciar los omnes saber los fechos que acahescen en todos los tiempos...» (I, pág. 3 *a*). La célebre afirmación de la *Metafísica* (980 a 21) habla aquí elocuentemente. La creencia de que el hombre desea el saber por naturaleza hubo de ser muy firme en el Rey que ganó el título de «el Sabio» por excelencia, que se complacía en que se dijera que «amaba los saberes e los preciaba»[1] y que «sempre desque fue en este mundo amó e allegó a ssí las sciencias e los sabidores en ellas»[2]. El principio de nuestra obra nos sitúa en el mismo núcleo de la actividad intelectual de Alfonso y nos pinta al monarca en el camino del conocimiento, afanándose tras él, auténtico «escodriñador de

1. Prólogo a las *Tablas alfonsíes,* en A. G. Solalinde, *Antología de Alfonso X el Sabio,* Madrid, 1960, pág. 191.
2. *Libro de los juicios de las estrellas,* en G. Menéndez Pidal, «Cómo trabajaron las escuelas alfonsíes», pág. 365.

sciencias, requiridor de doctrinas e de enseñamientos» [3]. El desarrollo de la sentencia aristotélica, evocada en su generalidad y aplicada al concreto dominio de lo temporal, articula además a la historia en el conjunto de la labor alfonsí. La historia, en efecto, se escribe para proponer ejemplos dignos de imitación o, *ex contrario,* de rechazo (de suerte que el lector escarmiente en cabeza ajena); pero tiene a la vez una sustantividad como «saber de las cosas que fueron», «saber del tiempo que fue», y saber (ahí se marca el acento) «cierto» (I, pág. 3). No hay solución de continuidad entre la historia y el resto de los saberes. Un pasaje de nuestra crónica, en el que Alfonso (como tantas veces) deja traslucir su silueta, lamenta que Darcón de Egipto perdiera el tiempo escuchando «fabliellas de uanidades, que no tenién pro a él nin a mantenimiento del regno, ca nin eran buenas estorias, nin fechos de Dios, nin de naturas nin de grandes omnes» (I, pág. 753 *b,* y cf. II, 2, pág. 2 *b*). La historia (sagrada o profana), pues, se concibe en el mismo plano que la ciencia «de naturas» y, como ella, apuntada a la ética y, en un soberano, a la política. Claro está que si la historia entra tan limpiamente en el *continuum* del saber (volveremos sobre el punto), todo él, a su vez, podrá hacerse presente sin demasiada impertinencia en el campo de la historia.

En cualquier caso, la meditación sobre el sa-

3. *Ibidem.*

ber, los saberes y los sabios ocurre por doquiera en la *General estoria*. Los ecos de la frase inicial, en concreto, resuenan a lo largo de muchas páginas. Cree Alfonso que tan natural como el deseo de conocimiento es el deleite que de él resulta; de ahí lo bien fundado de «la palabra del sabio: "toda cosa nueua plaze"», donde la novedad reside antes en el sujeto que en el objeto, pues novedad son las «cosas de los saberes antigos», si «muy nueuas de uista» (II, 1, pág. 35 *b*)[4]. Ese deleite, por espontáneo y general, es perfectamente equiparable al de los sentidos; por ello (y lo comprueban las *Bucólicas,* III, 71) «los sabios de los gentiles dixeron a los saberes "mançanas de oro", porque son cosa preçiada e de que se pagan los omnes commo de fermosa fruta e buena» (II, 2, pág. 30 *b*). En algunos afortunados se da aún cierto especial «sabor e [...] poder de uuscar en este mundo todos los saberes de las cosas de suso del çielo e de las cosas de yuso de la tierra» (II, 1, pág. 37 *b*). Nótese bien la dualidad de «sabor» y «poder», pues no siempre van juntas ambas circunstancias. En efecto, según «el frayre» tantas veces citado «que se trabaió de tornar las razones de Ouidio maior a theolo-

4. Cf. *Partida* I, ɪ, 19: «los omes naturalmente cobdician oír e saber e ver cosas nuevas». El dicho era proverbial; cf. H. Walther, *Carmina medii ævi posterioris latina,* II: *Proverbia sententiæque latinitatis medii ævi,* 6 (Göttingen, 1969), página 132 *c*; F. Rico, ed., *La novela picaresca española,* I (Barcelona, 1970²), pág. 128, n. 16; J. A. Maravall, *Antiguos y modernos,* págs. 27-32.

gía» (I, pág. 91 a), la sabiduría es una moza zaha-
reña que unas veces corresponde y otras rechaza:
«et diz que daquellos que aman la sapiencia, que
a los unos ama otrossí la sapiencia e a los otros
non». Los rechazados son gentes de «muy duros
coraçones» (no se olvide que el corazón es la sede
de la inteligencia, según testimonio concorde de
la Biblia y Aristóteles[5]); los correspondidos «an
los coraçones agudos e sotiles pora aprender que-
quier que uean o oyan, e aman la sapiencia e la
aprenden». También existe una tercera posibili-
dad, o excepción que confirma la regla, represen-
tada por quienes tienen «muy ligeros coraçones»,
pero «non aman el saber por ninguna carrera, e
que si l'amasen auerle yén»; aquí paga la sabiduría el desdén que gasta con otros: «a estos [...]
los ama la sapiencia, maguer que non aman ellos
a ella» (II, 1, pág. 208). En fin, no falta el aman-
te a quien una infidelidad pasajera cierra toda esperanza: «en so comienço ama la sapiencia, e la
desama después e se dexa della, et en cabo quier
tornar al saber e non es ya en tienpo que puede
ya aprender» (210 a).

Variada es, pues, la tipología del deseo de saber, en principio anejo a la naturaleza humana.

---

5. Vid., por ejemplo, *Homilies d'Organyà*, ed. M. Molho,
en *Bulletin Hispanique*, LXIII (1961), pág. 205; *Libro de Alexandre*, 17 c d (O): «Tanto auié buen enienno e sotil coraçón, / que uençió los maestros a poca de sazón»; y léase el
comentario de J. Huarte de San Juan, *Examen de ingenios*, en
BAAEE, LXV, pág. 426 a. Y cf. abajo, pág. 169, n. 5.

Pero, frente a esa variedad, el saber es esencialmente unitario, en primer término porque tiene
un objeto unitario. Cuanto existe, en efecto, forma un solo organismo, estructurado jerárquica-
mente, en que ningún miembro es prescindible,
antes cada uno implica a los restantes, en aras de
la continuidad y la coherencia [6]. En esa visión, «el
mundo, que lo contiene todo» (I, pág. 37 *b*),
como morada común de Dios, ángeles y hombres [7],
es verdaderamente un *universo*. La clave mayor
de semejante *imago mundi* está en la convicción
de que todas las cosas se eslabonan en una "gran
cadena del ser" y según una gradación de poderes
y dignidades, en donde cada etapa supone y contiene a las anteriores. Tal convicción, aprendida
«por palabras de Aristótil e de Plinio e de Augus-
tín e de Orígines e de Dionís e dotros muchos
que lo cuentan por ellos», lleva a los compiladores alfonsíes a explicar por largo que «tres poderes a ell alma» en los cuales queda prendida y tra-
mada la totalidad de los seres vivos (I, págs. 572-
573). En el marco de esa *universitas* (la voz fue
difundida por Isidoro y Juan Escoto Eriúgena, y
la usaba todavía Fernando de Herrera), las cosas
son afines entre sí y reductibles a unos pocos

6. Para una documentación detenida de los principales extremos de este párrafo, véase mi libro *El pequeño mundo del
hombre. Varia fortuna de una idea en las letras españolas*, Madrid, 1970.

7. Sobre esa definición del mundo, cf. A. S. Pease, ed. Cicerón, *De natura deorum*, Cambridge, Mass., 1955, págs. 950-
951, n.

principios. El hombre, por caso, acumula —amén de la existencia— «el poder dell alma que dixiemos ueietatiuo, que es en las plantas e en las otras animalias [...], et el sensitiuo, como es en las otras animalias, e [...] el discretiuo, comunal con los ángeles e con Dios» (573 *a*). El hombre, por tanto, es una suerte de mundo en pequeño, un microcosmos. Pero, a su vez, el cosmos es un μακρὸς ἄνθρωπος, un hombre inmenso, con «ell oio del sol» (I, pág. 210 *b*), o donde «el Nilo ombligo es del mundo, quel mantiene en los humores y l'atiempra en los feruores» (117 *b*). La historia del mundo, por otra parte, pasa por las mismas edades y conoce las mismas incidencias que la vida del hombre (cf. arriba, pág. 80).

Todo es uno, pues, y el saber lo refleja «en una totalidad fija»[8]; como en el universo, además, los varios grados del saber —las varias ciencias— se implican mutuamente y se dejan reducir unos a otros. Es casual, pero significativo, que el término *universitas* designara primero al conjunto de la Creación y se especializara pronto para el marco más característico de la ciencia. Mundo y saber, perfectamente homólogos, presentan el mismo diseño unitario. Porque también en el dominio de la comprensión y de la expresión existe una sola

---

8. J. A. Maravall, *Estudios de historia del pensamiento español*, I, pág. 211; en el contexto hay muchas observaciones que podrían contrastarse en la *General estoria:* prefiero no insistir sobre una materia ya bien estudiada por el profesor Maravall.

pauta válida, siendo así que, tras la confusión babélica, «las razones e las sentencias de las palabras *unas* fincaron en todas las gentes» (I, página 43 *b*) [9].

Por supuesto, tales planteamientos, unas veces más y otras menos explícitos, se albergan en el corazón mismo de la *General estoria* [10]. Vimos que en ella la materia historiable formaba un solo bloque y ofrecía una unidad de sentido; y ahora es fácil advertir que el ámbito universal y el tratamiento exhaustivo eran dos exigencias casi inesquivables para quien concebía el mundo, el tiempo y el saber como ensamblados en una totalidad coherente. Así, un somero vistazo a la *Weltanschauung* de la época contribuye a explicarnos por qué la *General estoria* desplazó a la *Estoria de España* y por qué, a grandes rasgos, la historia nacional no acaba de desglosarse en la Edad Media de la historia universal.

Obviamente, esa compostura unitaria del cosmos es obra divina: «lo ordenó assí nuestro sennor Dios, por las naturas que dio a las cosas» (I, página 572 *b*). Quiere ello decir que el universo

9. Se reconocerá en la afirmación el principio, tan en boga en la Edad Media y hoy de nuevo vuelto a la vida, de que (como decía R. Bacon) la gramática «una et eadem est secundum substantiam in omnibus linguis»; cf. por ejemplo T. Todorov, *Poétique de la prose,* París, 1971, págs. 118-119, y C. P. Otero, *Introducción a la lingüística transformacional,* México, 1970, pág. 48 (con bibliografía) y *passim.*

10. Para las *Partidas,* el *Lapidario* y otras obras alfonsíes, cf. *El pequeño mundo del hombre,* en especial págs. 70 y sigs.

puede interpretarse como una teofanía, en que
coinciden causalidad y significación [11], de suerte
que conocer cualquier realidad es ponerse en camino de conocer todas las demás e, inevitable-
mente, aproximarse a Dios. El saber es un proceso
de ida y vuelta: viene de Dios, revela a Dios y
acerca a Dios. Y no se trata ya sólo de descubrir al Creador por las creaturas, según aconse-
jaba la Biblia (sobre todo en Romanos, I, 20) y
ponía en práctica el prólogo a los *Libros de las
estrellas de la ochava esfera,* «cobdiciando que
las grandes vertudes et maravillosas que Dios puso
en las cosas que Él fizo, que fuessen conoscidas e
sabudas de los omnes entendudos, de manera que
se podiessen aiudar dellas, porque Dios fuesse dellos loado, amado et temido».

No es simplemente eso. Ocurre que, pues el saber constituye una totalidad que (lógicamente)
sólo Dios puede abarcar, cualquier saber limita-
do es una forma de participación en la divinidad
(y, por tanto, también una virtud). La idea tiene
una ilustre tradición [12] y la *General estoria* la repite una y otra vez. «Tod omne que es lleno de

11. Cf. M. D. Chenu, *La théologie au douzième siècle,*
París, 1957, pág. 33.
12. Cifrada, por ejemplo, en San Agustín, *PL,* XXIV,
col. 1234 («sapientia, id est [...] suscipiens similitudinem
Dei»), y en Santo Tomás, *In Joannem,* I, 5. Cf. E. F. Rice,
Jr., *The Renaissance Idea of Wisdom,* Cambridge, Mass., 1958,
páginas 5-7; y en general *El pequeño mundo del hombre,* páginas 171-174 y n. 227, para referencias bibliográficas sobre
los varios aspectos de la participación.

uertudes e de saber semeia a Dios, ca por Él le
uiene; et cada uno, quanto más a desto, tanto
más semeia a Dios e tanto más se llega a la natura d'Él» (II, 1, pág. 290 *a*). Ocasionalmente,
los compiladores alfonsíes buscan autorizar el lugar común con el nombre del Filósofo por antonomasia: «Sobresta razón dize el muy sabio Aristótil [¿*Metafísica,* A, 2, 983?] que semeiar ell
omne a Dios que non es ál sinon saber las cosas
complidamientre e obrar bien, e por esto uiene
omne a seer con Dios e parcionero con Él en aquella su gloria» (I, pág. 107 *b*). Inútil es subrayar
hasta qué punto ese «semeiar a Dios» se corresponde con los giros consagrados (la ὁμοίωσις θεῷ
del *Teeteto,* la «similitudo ad Deum» de la *Summa contra gentiles,* etc.) para expresar el proceso
de asimilación y conocimiento, por el hombre, de
un universo en que todo procede de la divinidad
y todo tiende a ella. O como declara llana y la-
pidariamente la *General estoria:* «Cada vno, quanto más a del saber e más se llega a él por estudio,
tanto más aprende e crece e se llega por ende más
a Dios» (II, 2, pág. 31 *b*). Nuevamente, pues,
se impone la unidad; y si el saber vincula a Dios,
hombre y mundo, es comprensible que (según vimos) se pongan en un mismo plano ético (y político, cuando los atesora un rey) las «buenas estorias», los «fechos de Dios» y la ciencia «de
naturas» (cf. arriba, pág. 124).

Es comprensible también, habida cuenta de tal
vínculo y del alcance moral del saber, que la sen-

da del conocimiento parta del interior del hombre. «Porque esta es la cosa que tod omne deue saber primeramientre, fascas cómo mantenga a ssí mismo e se reconnosca qué cosa es; después puede saber las otras cosas que fueren mester, et connoscer a Dios» (I, pág. 706 *b*). Es una perfecta descripción de la actitud, tan válida en la Edad Media, que Étienne Gilson ha bautizado «socratismo cristiano» [13]. Si el hombre semeja a Dios y compendia al mundo, lógicamente puede buscar a ambos dentro de sí; y, a su vez, «saber las otras cosas» y «connoscer a Dios» le enseñan «qué cosa es» él mismo. Por ahí, el círculo del saber se ha cerrado otra vez. Pero la resonancia del «nosce te ipsum» es aún más amplia, pues la vieja sentencia délfica incluye también un programa de vida social: un programa claro en la *General estoria* («cómo mantenga assí mismo» alude al modo de insertarse cada cual en el "estado" de la sociedad que le corresponda) y extremado, por ejemplo, en la obra de don Juan Manuel.

Al propósito, debe advertirse que Alfonso no

13. É. Gilson, *El espíritu de la filosofía medieval,* páginas 213-231. Cf. R. Ricard, *Estudios de literatura religiosa española,* Madrid, 1964, págs. 22-147; J. A. Maravall, *Estudios de historia del pensamiento español,* I, págs. 278-281; *El pequeño mundo del hombre,* págs. 85-90 (Don Juan Manuel), 96-101 (Sibiuda); M. D. Chenu, *L'éveil de la conscience dans la civilisation médiévale,* Montreal-París, 1969, págs. 41-46. Es muy característica la versión «metafísica» de tal socratismo que presenta Domingo Gundisalvo, *De divisione philosophiæ,* ed. L. Baur, Münster, 1903, pág. 6.

olvida el ámbito social del saber y del sabio. En
el universo jerarquizado que venimos reconstru-
yendo, los niveles del saber corresponden en principio a los niveles estamentales. De ahí que sea
doctrina repetida la que otorgaba (o exigía) a la
condición real la ciencia y el entendimiento má-
ximos: «Eminentior ergo erit rex sensu et scientia,
quia eminentior est in sede et regno et terra sua»,
escribía Álvaro Pelayo (Pais)[14]. Y en la *General
estoria* la concepción se formula explícitamente
(«son los reyes en los sesos más agudos que los
otros omnes», I, pág. 290 *b*)[15] o cristaliza en la repetida atribución a los principales monarcas (algunos, como sabemos, a imagen y semejanza de
Alfonso) de un saber preeminente[16]. Aún más:
para los compiladores alfonsíes, las *Institutiones
grammaticae* y la experiencia confirman que el saber se transmite por la sangre y se alberga en los
lugares más populosos y, por ende, más dignos.
«E segund diz Precián en el su *Libro Mayor,* en
el comienço, los omnes, quanto más mançebos
uienen, tanto más sotiles e entendudos son e tanto

14. *Speculum Regum,* ed. M. Pinto de Meneses, I (Lisboa, 1955), pág. 104; cf. el excelente comentario de J. A. Maravall, *ibid.,* págs. 250-253.

15. Vid. también *Partida II,* v, 16: «El Boecio, que fue
muy sabio cavallero [nótese cómo se subraya la condición social del autor], dixo que non conviene tanto a otro ome como
a rey de saber los buenos saberes [...] Onde el rey que des-
preciase de aprender los saberes, despreciaría a Dios, de quien
vienen todos», etc.

16. Vid. algunos ejemplos en *Romance Philology,* XII, página 140.

mas agudamientre catan las cosas [17]; e otrossí assí es e deue seer siempre, segund natura e razón, que los omnes, quanto de más ensennado logar uienen de luengo, tanto más ensennados e sabidores nasçen ellos, e assí deue seer, si yerro de natura non anda ý [18]; e otrossí más saberes de bien se fallan en las cibdades que en las aldeas, e en las grandes pueblas que en las pequennas, e ueemos que esto assí es oy» (I, pág. 76 a). No se crea que es la última una mera afirmación empírica, como tampoco es solo empírico el aserto de que «meior aprenden los muchos escolares que los pocos, e meior en las escuelas grandes e gran estudio que en el pequenno» (II, 1, pág. 68). Por supuesto, en semejantes proclamaciones entra una buena dosis de sentido común y elemental observación. Pero tras ellas está esa imagen jerárquica del universo, de acuerdo con la cual grandeza material y preeminencia o nobleza van unidas; en palabras de Santo Tomás, así, «entre las cosas corporales, cuanto una es más excelente, tanto es mayor en cuantidad» [19].

La idea de que el mayor saber se da en los mayores lugares no contradice la vieja imagen del filósofo solitario, la convicción de que el «roýdo de los omnes» y los «bollicios del mundo [...]

---

17. Aquí acaba la cita de Prisciano.

18. Para la idea de yerro de la Naturaleza, «e non de Dios», cf. II, 1, pág. 217 a.

19. Cito la traducción de fray Luis de Granada, *Guía de pecadores*, I, ɪ, 1.

embargan mucho a los qui en los saberes quieren contender para aprender e aprouar en ellos más» (I, pág. 319 *b*; cf. II, 1, pág. 285 *a*). Por ahí, naturalmente, se halla una explicación al calificativo de «liberales» que valora las siete artes clásicas: «Et esto sabed que es una de las razones porque los llamaron "liberales" a los VII saberes, porque quieren libre de todo otro cuydado e estorbo a su aprender» (I, pág. 320 *b*)[20]. El adjetivo arrastraba desde la Antigüedad unas obvias implicaciones sociales —la cultura, al fin, es privilegio de clase— que el Rey recoge complacido: «E llamauan "liberales" a aquellas siete artes, et non a los otros saberes [cf. abajo, pá-

---

20. La glosa etimológica remata un elaborado párrafo sobre la búsqueda del saber lejos del «mundanal ruido» (como también decía Luis de León), en un marco idílico que puede parecer llegado de alguna divagación clásica sobre el «otium» del letrado (aunque es más fácil que se inspire en «Orazio [o quien sea: cf. pág. 161] e las glosas de sobr'él», I, pág. 165 *b*) y que anticipa, en cualquier caso, las evocaciones similares del petrarquesco *De vita solitaria,* de las *Quæstiones camaldulenses* de Cristóforo Landino, del *Diálogo de la dignidad del hombre* de Pérez de Oliva, etc.: «Et fallamos por muchos escriptos que los grandes philósophos de los primeros tiempos, que querién saber las cosas e las naturas dellas complidamientre e apurar los saberes et dexarlos uerdaderos e ciertos por sus escriptos, que a los montes e a las nobles fuentes et a las riberas de los ríos sanos, e ó fallasen yeruas e raýzes de comer se appartauan a estudiar por escusar los bollicios del mundo e non auer estoruo ninguno, como dixiemos. Ca ell estudio de los saberes es cosa que non quiere otro trabaio nin cuydado sinon el suyo, nin bollicio de otros pleytos nin de cosa ninguna que embargue al que estudia. Et esto sabed...»

gina 149], segund departe Ramiro en el Donat [21], e otros con él, por estas dos razones: la una, porque non las auié a oýr sinon ombre libre, que non fuesse sieruo, nin omne que uisquiesse por mester; la otra, porque aquellos que las oyén, que auién a seer libres de todo cuydado e de toda premia que les otre fiziesse» (I, pág. 193 *b,* y vid. II, 2, pág. 2 *b*).

Pero en el siglo XIII se habían reforzado tales implicaciones sociales y llegaba a escribirse que las siete artes merecen también el título de «liberales» porque liberan a maestros y estudiantes «ab exactionibus et tributis principum» [22]. Pues en ese mismo sentido, al tratar de las escuelas de Atenas donde se «leyén» tales disciplinas, Alfonso subraya que la antigua capital del saber pululaba de alumnos «por quantos buenos fueros e priuilegios auién allí los escolares» (193 *a*) y porque Cícrops «priuilegió la uilla e ell estudio de muchas franquezas e muchas noblezas, e franqueó otrossí los maestros e los escolares e sus cosas e sus compannas» (315 *a*). ¿Habrá que insistir en cuán reve-

---

21.   Unas líneas más arriba se ha citado a «Donat e Precián e Remigio»; y Ramón Martínez López me informa que las frecuentes citas a «Ramiro» pueden evacuarse (por lo menos en parte) en la obra de Remigio de Auxerre. Pienso que aquí puede tratarse de alguno de los comentarios de éste a Donato, que posiblemente circularon con sus escolios a Prisciano (cf. C. E. Lutz., ed. R. Autissidorensis *Commentum in Martianum Capellam,* Leiden, 1962, I, págs. 12-15), obras todas que me son inaccesibles.

22.   Johannis Daci [Juan de Dacia o Dinamarca] *Opera,* I (Hauniae, 1955), pág. 42.

lador resulta el pasaje en el protector de la Universidad de Salamanca, en el creador del Estudio de Sevilla, en el legislador que en la *Partida segunda* había regulado buen número de «fueros e priuilegios» excepcionales para el «ayuntamiento de maestros et de escolares», y aun para «sus mensageros et todas sus cosas» (título XXXI, ley 2)?

En semejante contexto, claro está que la praxis del sabio no es el βίος θεωρητικός, como quería Platón. El saber, por el contrario, exige contrastarse en una «vita activa»; y en ella no habrá meta que no alcance quien llegue a adueñárselo. «Sabiduría, segunt dixieron los sabios, faze venir a omne a acabamiento de todas las cosas que ha sabor de fazer e de acabar», garantizaba el *Setenario* (pág. 29). Y la *General estoria* comprueba que, ciertamente, Júpiter «acabaua todas las cosas del mundo que querié por el so saber» (II, 1, pág. 53 *a*)[23]. La fuerza es sin duda importante, pero, en último término, el saber puede superarla (y es victoria que sólo el destino iguala): «Non a cosa que al fuert sea fuert nin se le defienda, pero a las uezes uençe el flaco al fuerte, mas esto contesce o por sabeduría o por ventura» (36 *b*). Tanto es así, que aun el mismísimo Hér-

---

23. Por otra parte, la desgracia es fuente de saber: «Dize Ouidio [*Metamorfosis,* V, 574-575] que grant es el engenno e la sabiduría del qui el dolor a, et que el artería e la sabeduría estonces uiene a ombre quando se uee en la mesquindat; onde dize otrossí otro sabio que en la mesquindat es sabio ell ombre, e que el qui se duele de alguna cosa, esse suele seer más artero, como que aprende» (II, 1, pág. 253 *a*).

cules, «después que en los saberes fue entrando e guiándose por ellos [...], más aýna acabó los grandes fechos que fizo que por otras lides nin por otra fuerça» (II, 2, págs. 30-31). Reúnanse, pues, la fuerza, la ciencia y el tesón (la «uoluntad de prouar las cosas»), y el mundo será de quien posea los tres dones (pues semejantes «bienes non son sinon dones dados por Dios»): «Et fallamos assaz por escriptos de sabios que qui estas tres cosas a —poder, saber e querer— uençer puede e acabar toda cosa que quisiere» (II, 1, página 269 b)[24].

Las excelencias del saber son tamañas y tales, en fin, que llegan a asegurar la inmortalidad: en efecto, «todas las artes de todos los saberes [...] son cosas que nunca mueren, mas siempre biuen e fazen biuir al que las sabe, e el que las non sabe (o, si más no, algo dellas), tal es como muerto; et por esta razón los sabios[25] al saber llaman "uida", al non saber "muerte"» (I, pág. 197 b). Esa inmortalidad no es otra que la brindada por la fama, que prolonga a título póstumo la bienandanza que en vida corresponde a los amigos del saber. En la Edad Media hay pocas muestras

24. Don Juan Manuel, *Libro infinido,* ed. J. M. Blecua, Granada, 1952, págs. 4-7, glosa esa misma idea, en términos similares: ¿se inspira en Alfonso X (como tantas veces) o en los citados «escriptos de sabios»?

25. Quizá «Catón», *Disticha,* III, 1: «nam sine doctrina vita est quasi mortis imago». De «Catón el sabio» (II, 18) proviene sin duda la afirmación de II, 1, pág. 231 b: «la locura enfennida [...] muy grant sabeduría es».

de valoración positiva de la gloria intelectual tan elocuentes como la proclamación de Alfonso en la *General Estoria,* al bordar motivos bíblicos [26] en un cañamazo que mezcla el *Calila e Digna* con algún desconocido comentario de Ovidio: «Et por end los sabios que se ayuntaron a poner nombre a la çibdad de Athenas guisaron quel ouiesse tal como auemos contado [que Athenas quier dezir tanto como "logar sin muert"], por los saberes, que son cosa del thesoro de Dios que nunca mueren nin desamparan nunqua a los que lo[s] saben, nin les dexan morir muerte durable, ca los sabios destos saberes, maguer que mueren segund la carne, pero siempre uiuen por memoria» (198 *b*). Y es importante notar que solo a la virtud se atribuye (con palabras parejas) idéntica capacidad inmortalizadora: «Que el bueno, maguer que muera, después de la muerte uiue por el nombre, et esto es en la memoria de los omnes» (389 *a*). Nueva confirmación de que el saber (y dentro de él la historia, por supuesto) tiene una finalidad moral, es camino para «semeiar ell omne a Dios» (arriba, págs. 130-131), rigurosamente paralelo a la virtud [27].

26. Cf. M. R. Lida de Malkiel, *La idea de la fama en la Edad Media castellana,* México, 1952, págs. 151 sigs.

27. Vid. también II, 1, pág. 290 *b*: «es como la uertut de la bondat que, con entendimiento de las cosas deste mundo e con el saber dellas de qué natura son e a qué an de recudir, e faze ell alma desdennar [tales "cosas"] e remembrarse de su Criador e oluidar el uicio del pecado e partirse dél e allegarse a Dios».

La casuística del saber, por otro lado, ofrece no poca variedad. Así, el primer paso hacia el conocimiento es la disposición humilde del ánimo; carece de sentido, en efecto, «seyendo neçio, de tomarse con el sabio»; y parece imprescindible «castigo para todo omne que de buen entendimiento quisiere ser», cuando «non sabe, que quiera más aprender del sabio que non refertarle» (II, 2, página 82 *a*). Es comprensible y bueno, por tanto, lo que a menudo ocurre en sociedad, sobre todo cuando preside un Perseo, deseoso «sienpre de saber»: «que dizen unos de uno e otros de ál, e fablan de muchas cosas, dellos por apprender e dellos por retraer lo que saben» (II, 1, pág. 286 *b*). En ese trasiego, enseñaban los *Dicta Catonis* (I, 30) y repite la *General estoria,* «torpedat es poral maestro quando el mismo yerra en aquello mismo que ensenna a otri» (I, pág. 505 *b*). Pero quizá más grave cree Alfonso la ingratitud presuntuosa o la afectada displicencia de quien aprende; y la meditación sobre el punto, no apoyada en autoridades y apenas necesaria en el contexto, tiene un aire en extremo personal: «Unos ay que, quando les omne da buen castigo o les ensenna alguna razón muy buena, desdénnanla e non la quieren tomar, por se mostrar ellos por muy sabios e que non tomarién ensennamiento dotre, ca ellos se saben assaz por sí; e si la toman non quieren dezir que dotre la aprisieron, mas que ellos se la assacaron e de sí la ouieron» (393 *a*). ¿Será éste

otro reflejo de la directa intervención del Rey? [28]
Nada tendría de sorprendente. Y aun en términos
generales se diría altamente probable que la frecuencia con que la narración se remansa en especulaciones teóricas sobre el saber (hemos visto
sólo unos cuantos casos) responda a un serio interés de Alfonso por los fundamentos mismos de su
actividad intelectual.

28. Cf. A. G. Solalinde, pról. a I, pág. XVIII, n. 1.

División e historia

Hemos venido rastreando en la *General estoria* una imagen del saber como totalidad, como conocimiento coherente de un universo jerarquizado, como círculo que enlaza al hombre con el mundo y con Dios y que puede trazarse desde cualquiera de ellos, en cualquier sentido, para llevar a los restantes y reemprender el proceso. Hemos hecho también unas calas en las implicaciones sociales y en la praxis del saber. Pues el más claro punto de engarce entre lo uno y lo indefinido, entre la especulación abstracta y la aplicación concreta, es justamente un *curriculum* de disciplinas en número reducido. «El saber que encierra todos los otros saberes» recibe el nombre de «philosophía» (II, 1, pág. 284 *a*). Pero ¿cuántos y cuáles son esos saberes particulares en que la filosofía se divide? La cuestión venía arrastrándose desde la Antigüedad clásica, y en los siglos XII y XIII tuvo una importancia nunca superada.[1] La

1. Cf. sobre todo J. Mariétan, *Problème de la classification des sciences d'Aristote à Saint Thomas,* San Mauricio de Suiza-

tradición grecolatina, acrecida por sustanciales aportes árabes, ofrecía tres esquemas fundamentales para la clasificación de las ciencias: uno se cifraba en las siete artes liberales (frente a las «artes mechanicae»); otro, de raigambre aristotélica, distinguía entre lógica, filosofía teórica (física, matemática, metafísica o teología) y filosofía práctica (ética, política, económica); un tercero, elaborado por estoicos y neoplatónicos, reconocía una filosofía racional (lógica), una filosofía natural (física) y una filosofía moral (ética). Por supuesto, cabía barajar y reordenar los tres esquemas, podar, añadir y subdividir a voluntad, y la Edad Media se entregó con entusiasmo a tal deporte, hasta ofrecer casi tantas «divisiones philosophiae» cuantos filósofos de fuste. En los días de Alfonso X —para resumir muy toscamente una materia harto compleja—, las artes liberales se habían quedado estrechas. Una clasificación del saber podía acogerlas, en general desarticuladas, integrando, por ejemplo, el *quadruvium* en la matemática y el *trivium* en la lógica, o disolviendo a

---

París, 1901; L. Baur, ed., D. Gundisalvus, *De divisione philosophiæ*, Münster, 1903, págs. 196-202; F. Van Steenberghen, «Réflexions sur l'organisation des études au Moyen Âge», en *Studia monographica... a Maioricensi Schola...*, XI (1954), páginas 153-168; E. de Bruyne, *Estudios de estética medieval*, Madrid, 1959, II, págs. 389-394, etc.; J. Chatillon, en el citado volumen *La pensée encyclopédique au Moyen Âge*, págs. 66-72; J.-A. Weisheipl, «Classification of the Sciences in Medieval Thought», en *Medieval Studies*, XXVII (1965), págs. 54-90; F. Rico, «Aristoteles Hispanus», págs. 156-157.

aquel en la física y convirtiendo a este en un mero instrumento de las ciencias, sin contarlo entre ellas. Pero las artes liberales, como programa, apenas decían nada a las generaciones que sacrificaban en el altar de la lógica, la filosofía aristotélica y la teología. Si lo importante eran las categorías metafísicas, no la experiencia (y a tal jerarquía de valores había llevado la nueva lectura de Aristóteles), ¿cómo considerar a las siete viejas disciplinas núcleo o aun porción más significativa del saber? Y, sin embargo, eso hace la *General estoria*. Con reajustes, complementos y glosas, desde luego, que ponen el trivio y el cuadrivio en la perspectiva de las nuevas corrientes intelectuales; pero básicamente manteniendo como arquetipo de los saberes a las artes ilustres de la ἐγκύκλιος παιδεία[2].

En efecto, al dar noticia de las escuelas de Athenas en tiempos de Júpiter, la *General estoria* dedica varias páginas a presentar «los saberes que se leyén en esta çibdad» y que, según revelan otros pasajes (cf. abajo, págs. 154 y sigs.) y el tono uniformemente actual de la exposición, tenían

2. Para cuyo origen y avatares, vid. últimamente H. I. Marrou, *Saint Agustin et la fin de la culture classique*, París, 1938, páginas 211-275; J. Koch, ed., *Artes liberales. Von der antiken Bildung zur Wissenschaft des Mittelalters*, Leiden-Colonia, 1959; P. Merlan, *From Platonism to Neoplatonism*, La Haya, 1960², págs. 88-95 («The Origin of the Quadrivium»); L. M. De Rijk, «[Egkýklios paideía]. A Study of its Original Meaning», en *Vivarium*, III (1965), págs. 24-93; E. Garin, *L'educazione in Europa, 1400-1600*, Bari, 1966², págs. 42-44; y el volumen citado en la nota siguiente.

para Alfonso vigencia de ideal permanente (I, páginas 193-197). El grueso de tales páginas define y ordena «las siete artes a que llaman liberales», distinguiendo, naturalmente, el *trivium* y el *quadruvium*. Al primero corresponde el dominio de la expresión y el discernimiento; al segundo, el de la aprehensión, del conocer propiamente dicho. «E las tres primeras destas siete artes son el triuio, que quiere dezir tanto como tres uías o carreras que muestran all omne yr a una cosa, et esta es saberse razonar cumplidamientre» (193 *b*): la gramática, así, enseña a construir el discurso; la dialéctica descubre «si a razón o mentira en la razón que la gramática compuso»; la retórica logra «affermosar la razón». Las tres, por tanto, «fazen all omne [...] bien razonado, e uiene ell omne por ellas meior a entender las otras quatro carreras a que llaman el quadruuio» (194 *a*). Todo ello no ofrece especial novedad y se ajusta en esencia a los planteamientos tradicionales [3] (más abajo perfilaremos algún detalle). La presentación del cuadrivio, en cambio, repiensa tales planteamientos a la luz de las maneras especulativas de moda en

3. Caso distinto es el del *Setenario*, págs. 29-31, donde «estos tres ssaberes [...] se tornan en vna rrazón» y donde el esquema de las ciencias, en general, difiere mucho del de nuestra crónica. No trataré el tema aquí, y advierto ya que nada hay aprovechable en N. Zeballos Ortega, «Alfonso X y las artes liberales», en *Arts libéraux et philosophie au Moyen Âge: Actes du Quatrième Congrés International de Philosophie Médiévale*, Montreal-París, 1968, págs. 627-629.

el siglo XIII. Concretamente, el objeto del cuadru-
vio se identifica con el de la matemática en el sistema de Aristóteles: vale decir, con la cantidad
(mientras en San Isidoro, por ejemplo, el acento se marcaba en la cualidad) [4]; y los principios
que permiten clasificar las cuatro artes en cuestión
son las nociones también aristotélicas de acciden-
te, movimiento y materia.

Cierto: fundamentalmente, las artes cuadruvia-
les «fablan de las cosas por las quantías dellas»
(*ib*.), o sea, atendiendo a la cantidad. Ahora bien,
«la quantía se parte primeramientre en dos partes»: «la una es quantía por menudezas» (cantidad discreta, para traducirlo a los términos corrientes), «la otra es unada e entera» (cantidad
continua). A su vez, las cantidades existen «por
sí mismas» o en tanto accidentes (*Metafísica,* Δ
13), y pueden darse libres de movimiento y materia o provistos de ellos (M y N). Pues sobre semejante base cabe individuar, entre otros, dos modos de cantidad discreta y dos de cantidad continua, estructurados en el cuadrivio. En palabras
de la *General estoria,* «la quantía departida [en-
tiéndase que "por menudezas"] pártesse otrossí
de cabo en otras dos partes: la una es quantía partida e asmada por sí, sin todo mouimiento, fascas que se non ayunta a ninguna materia» (194
b), mientras «la segunda es quantía departida

4.   Vid. J. Fontaine, *Isidore de Séville et la culture classique dans l'Espagne wisigothique,* París, 1959, págs. 873-874.

otrossí, más de guisa que se torna a otra quantía e se ayunta a ella» (195 *a*). Paralelamente, «la quantía unada que dixiemos pártese otrossí en dos partes: la una es quantía que es unada, mas non se llega a ninguna materia e es sin mouimiento», en tanto que «la segunda partida desta quantía es otrossí quantía unada, mas de guisa que se llega a materia e es con mouimiento», en concreto «de las que an cuerpos e se mueuen siempre» (196 *b*).

Tal es, pues, la sistematización conceptual, cimentada en la metafísica de Aristóteles, a que responde el *quadruvium*. La cantidad discreta, con existencia propia, sin movimiento ni materia, se trata en la «arismética» (194 *b*). La música se ocupa también de la cantidad discreta, pero en tanto se vincula a otras cantidades. Aunque el texto al propósito es sucinto (a los compiladores les interesa más el proceso histórico de la invención de la música), la ilustración del principio nos pone en camino de comprenderlo. Nos las habemos, se explica, con el arte que revela «las quantías de los puntos en que ell un son a mester all otro e tórnasse a la quantía dél pora fazer canto cumplido por bozes acordadas, lo que ell un canto non podrié fazer por sí, assí como en diatesserón e diapente e diapasón e en todas las otras maneras que a en el canto» (195 *a*). Si bien entiendo, y aparte otras posibles implicaciones del pasaje, Alfonso piensa en los números y en las proporciones aritméticas que según la «doctrina communis» determinaban los acordes fundamentales (y

la misma estructura del universo)[5]: diatesarón
(3:4), diapente (2:3), diapasón (1:2), etc. Esas
son las otras "quantías" específicas a que «se torna» (*i.e.,* en que se plasma o halla soporte) la
«quantía» abstracta·de la música. No menos espe-
culativa es en principio la geometría, que estudia
la cantidad continua sin materia ni movimiento,
pues «las linnaduras e las figuras que se fazen en
los cuerpos deuémoslas asmar en la mient» (196
a). En fin, la «astrología» (*sic,* aunque antes se la
llame «astronomía») considera la cantidad continua ligada a materia y movimiento, pero no de
cualquier tipo, sino precisamente la materia y el
movimiento eternos que Aristóteles atribuye al
mundo supralunar. Con todo, esa férrea concep-
tualización no agota el alcance del cuadrivio; antes bien los compiladores, tras delimitar las me-
tas teóricas de las cuatro disciplinas, realzan, a
modo de conclusión y resumen, la importancia del
conjunto para el conocimiento de los *realia:* «el
quadruuio [...] ensenna a omne saber toda cuenta
e toda concordança e toda medida e todo mouimiento *que en las cosas sean*» (196 *b*).

Las artes liberales se llevan la parte del león en
el *continuum* del saber. A ellas se consagran tres
páginas bien nutridas, en tanto los restantes saberes se despachan en una columna, aunque se
les reconozca extraordinaria dignidad. Entre esos

5.   Cf. *El pequeño mundo del hombre,* págs. 76-77 (sobre
el *Setenario*), 180-193, etc.

«saberes que son sobre las VII artes liberales»,
Alfonso sitúa en primer lugar a la «methafísica»,
voz y concepto llegados de Avicena y Gundisalvo que habían revolucionado el pensamiento del
siglo XIII, ya inmerso hasta el cuello en esa nueva
ciencia que en la interpretación coetánea mari-
daba la filosofía primera y la teología. «El más
ondrado de los otros saberes que sin estos siete
ay, e aun destos et de todos, es la methafísica, que
quier dezir tanto como "sobre natura", porque
muestra connoscer las cosas celestiales, que son
sobre natura, assí como es Dios, e los ángeles e
las almas» (196 *b*). A ella sigue la física, el «saber [...] de las naturas, pora connoscer todas las
cosas que an cuerpos» *(ib.)*, así en la tierra como
en los cielos (pero, aquí, sin confusión posible
con la astronomía, aplicada a computar «los mo-
uimientos» y las relaciones, no a discernir las materias). «E el tercero saber es éthica, que quiere
dezir tanto como sçiencia que fabla de costumbres, porque ensenna a omne saber de cómo puede auer buenas maneras de costumbres e auer
buena nombradía por ý» (196-197). Con metafísica, física y ética, así, se completa el *curriculum*
esencial del saber [6].

6. Quiere ello decir que las ciencias no mencionadas explícitamente entre esas diez (las siete artes y los «otros tres saberes») deben entenderse contenidas en ellas. Así, en efecto,
incluso «aquella scientia a que nós dezimos "theologia", que es
fablar de lo que es Dios» (II, 1, pág. 269 *a*), puede integrarse
en otra, en la metafísica definida según se ha visto. De un
saber tan peculiar como la magia, muy importante para Al-

Por otro lado, aún, el trivio y el cuadrivio tienen cada uno una dinámica interna propia. De acuerdo con ella, la *General estoria,* primero, reordena las artes del trivio, que, si en las *Etimologías* o en Casiodoro eran gramática, retórica, y dialéctica, son ahora gramática, *dialéctica* y retórica, graduadas y acumuladas para hacer la «razón conueniente, uerdadera e apuesta» (194 *a*), según el proceso del aprendizaje y las exigencias del discurso. Por supuesto, no se trata de una innovación alfon-

_____

fonso (cf. algunas indicaciones, aunque insuficientes, en F. Rubio, O. S. A., «Breve estudio de la magia en la *General estoria* de Alfonso el Sabio», en *La Ciudad de Dios,* CLXXII [1959], páginas 485-498), se llega a afirmar que «vna manera e vna parte es del arte del estrenomía» (II, 2, pág. 340 *b*, y vid. II, 1, pág. 86 *a*), mientras otras veces se la considera independiente (cf. I, pág. 320 *a*, y II, 1, pág. 23 *a*; si en II, 1, pág. 272 *a* 1-2, se acepta la lectura «todos los saberes de las ocho [Φ siete, I *om.*] artes», habrá que entender que se alude a «los siete saberes e [...] la mágica» mencionados en seguida). El mismo nombre que da Alfonso a la medicina, «física» (I, pág. 686 *b*), y a los médicos, «físicos» (541 *b*), muestra bien a qué ciencia la asimila (y añádase el parentesco con la magia, II, 2, pág. 341 *b*). No hay medio de averiguar en qué saber se engloba el derecho, que en la época se incorporaba a menudo a la ética, a la «eloquentia» en general o las artes mecánicas (entre las que también suele formar la medicina). En cierta ocasión se alude a «essos autores de los gentiles que estudiaron las nueue [*var.* siete] sapienças en aquel mont Elicón, et destas sapienças contaremos adelant quáles son»: evidentemente, esas «sapienças» son las que habitualmente se ponían bajo el amparo de las nueve musas, y ahí tendría Alfonso ocasión de mencionar la historia, que en la parte publicada está implícita entre las materias propias de la *eloquentia* o «razón», seguramente anexionada a la gramática, como era tradicional.

sí. Desde el siglo XI, por el contrario, era ese el orden corriente («*Gram.* loquitur, *Dia.* vera docet, *Rhe.* verba ministrat»). La lógica gozaba entonces de tal preponderancia en el terreno intelectual, que había llegado a devorar al trivio en muchas clasificaciones de las ciencias. Con todo, no faltaban quienes seguían apegados al ideal clásico y concedían a las tres disciplinas «sermocinales» una sustantividad y un importante papel en la formación de la persona. La coexistencia de ambas posiciones cristalizó precisamente en un reajuste, en virtud del cual la dialéctica, gemela de la lógica, ascendió en dignidad a un escalón por encima de la retórica. Alfonso, así, recoge la versión reajustada, pero, a zaga de cierta *Summa de la rectórica*[7], dedica a las artes del trivio un encendido panegírico, como pocas veces se halla en la época: «La primera destas tres sciencias es la carrera; la segunda cabdiella e guía la carrera; la tercera es compannera alegre e que da alegría a las otras dos hermanas otrossí en essa carrera. La primera destas sciencias alimpia la lengua tartamuda, porque fable enderesçadamientre; la segunda lima della la orín de la falsedat e tuéllela ende; la tercera enforma la obra necia e entállala e compónela de entalladuras e de fermosuras de muchas guisas. La primera da all omne ell entendimiento; la segunda le aduze la creencia de las co-

---

7. Cf. M. R. Lida de Malkiel, *Romance Philology*, XII, página 116.

sas dichas; la tercera amonesta e trae la otra part a acabar ell fecho que ella quiere. La primera nos ensenna fablar enderesçadamientre; la segunda, seer sotiles e agudos; la tercera, dezir amonestando e apuestramiente» (II, 1, pág. 58 *a*).

Para el cuadrivio, los compiladores respetan la sucesión tradicional de aritmética, música, geometría y astronomía, pero también reflejan el nuevo panorama del saber, no solamente en las definiciones de cada arte, sino incluso en la organización del conjunto según los postpredicamentos (aristotélicos) de correlación y prioridad: «arismética e [...] música [...] uan delant en el quadruuio [...], ca en los saberes antes deue uenir el simple que el doble, e uno que dos» (195 *b*).

La conexión y la jerarquía del *trivium* y el *quadruvium* son claras para Alfonso. «Segund la natura», es decir, para atenerse al vínculo natural de los objetos, las cuatro artes, que «fablan de las cosas», debieran preceder a las tres, que «son de las uozes e de los nombres», porque «las cosas fueron ante que las uozes e que los nombres dellas naturalmientre» [8]. Y supuesto además que «el conocimiento de las cosas es más noble que el co-

---

8.   Aquí parece insinuarse que los «nomina sunt consequentia rerum» (según el célebre dicho de Acursio, en glosa al *Digesto*) en forma "natural"; más adelante (II, 1, pág. 114 *a*), a propósito de la diversidad de los nombres en las varias lenguas, quizá se implica que el vínculo es "convencional". Inútil es recordar que la «grammatica speculativa» de la época había resucitado la polémica griega sobre el lenguaje como significante «phýsei» o «thései».

nocimiento de las voces» (*Summa Theologica,* II, 176, 2, *c*) y puede corroborarse *ex experimento,* también el trivio debía seguir al cuadrivio, porque «las quatro son todas de entendimiento e de demostramiento fecho por prueua». Pero las necesidades pedagógicas se imponen: y como las *res* «non se pueden ensennar nin aprender departidamientre» sino por los *nomina,* el trivio ocupa el primer lugar (194), «como en las cerraias las llaues que las abren, e abren éstas del triuio todos los otros saberes, porque los puedan los omnes entender meior» (196 *b*).

El trivio, así, conduce al cuadrivio y a los «otros tres saberes» —examinados inmediatamente después de tal proclamación—, y el conjunto se nos revela como un bloque unitario. En él, con todo, las siete artes constituyen el fragmento más característico. Si no lo atestiguara ya la mayor elaboración que ellas reciben, bastaría a mostrarlo el que Alfonso reserve el título de «sabio» para el estudioso del cuadrivio (indisociable del trivio) e insista en que metafísica, física y ética no pueden llevar a la alta meta que les corresponde, si no es con el concurso de las artes liberales [9]:

9. Todo ello recuerda notablemente el *Tractatus quidam de philosophia et partibus eius,* que, después de remontar a Orígenes una clasificación de los saberes no liberales centrada en física, ética y teología, y después de establecer otras divisiones tripartitas, añade: «Ad istas tres scientias paratae sunt tamquam viae septem liberales artes [...] Nullus perfectionem illius triplicis sapientiae potest attingere, nisi in his septem

«E las tres artes del triuio, como dixiemos, ensennan a omne seer bien razonado, e las quatro del
quadruuio le fazen sabio, et estos otros tres saberes, *con aquellos,* le fazen complido e acabado
en bondad e le aduzen a aquella bienauenturança
empós la que non a otra» (197 *a*). Justamente,
para sugerir la plenitud intelectual de un personaje, es normal tratarlo de «razonado» y «sabio» [10].
Porque el trivio y el cuadrivio (la *eloquentia* y la
sapientia de las antiguas especulaciones), dentro
del *continuum* del conocimiento, se presentan particularmente bien soldados: «a siempre mester la
razón a la sapiençia e la sapiencia a la razón, fascas el triuio al quadruuio e el quadruuio al triuio;
et paresce que muy mester es que el sabio, pora
parescer e ser sabio, que sea muy bien razonado,
e el bien razonado mester a otrossí de seer sabio
e que paresca que pone su razón con sapiencia
et en aquello que el triuio a de fazer en la razón»
(II, 1, págs. 57-58) [11].

Bien se echa de ver, pues, que para Alfonso X
el núcleo del saber siguen siendo las artes liberales. Cierto que las bases del cuadrivio se exami-

_____

prius extiterit perfectus» (cf. M. Grabmann, *Die Geschichte
der scholastischen Methode,* Stuttgart, 1961², II, pág. 46).
    10. Cf. II, 1, págs. 279 *a,* y 290 *a*; II, 2, pág. 68 *b,* por
ejemplo. Una vez se trata a Febo de dios «que sabié él por su
sciencia todas las cosas, como philósopho e acabado en todas
las cosas» (II, 1, pág. 204 *a*).
    11. «Ell entendimiento e la razón», propios de la *eloquen-
tia* del trivio, además, «son dos oíos de que usa el sabio» (II,
1, pág. 278 *b*), *i. e.,* el impuesto en la *sapientia* del cuadrivio.

nan dentro de las coordenadas lógico-metafísicas
que constituían la novedad triunfante en la época,
a zaga de una interpretación demasiado exclusi-
va de «Aristótil, el gran philósopho [...], de
meior estudio e engenno e sotileza e de meior
saber que ninguno otro omne» (I, pág. 555 b).
Cierto que se añaden, sin regatearles méritos, otras
ciencias en cuyo cultivo se afanaban los más de
entre los *clerici* contemporáneos. Pero las siete
artes no se relegan (como solía ocurrir) a subdi-
visiones menores de esas otras ciencias. Por el contrario, aparecen estrechamente vinculadas, como
porción más típica del saber, dentro del cual, además, el trivio tiene entidad propia y singular relevancia [12]. Frente a la especialización y el tecnicis-
mo a que tendía la cultura del siglo, así, la *General
estoria* subraya el valor de las artes liberales [13]
como programa de estudios esencial para el hombre, para todo hombre. Alfonso, por lo mismo,
aun con obvias concesiones a las modas predomi-

12. Vid. I, págs. 91 *b*, 517 *b*; II, 1, págs. 35 *a*, 69 *a*, 213 *a*;
II, 2, pág. 92 *a*. Tampoco parece casual que la *Partida II*,
xxxi, 3, disponga que «si de todas las ciencias non pudiesen
haber maestros [en la universidad], abonda que haya de gramática et de lógica et de retórica, et de leyes et de decretos»,
es decir, del trivio y de derecho.
13. Ellas y las leyes constituyen el objeto de la universidad
ideal proyectada en las *Partidas*, II, xxxi, 1; y recuérdese
que en la de Salamanca no se enseñó teología hasta el siglo xiv,
mientras desde 1254, en que Alfonso le concedió un célebre
privilegio, recibían trato de favor los maestros de gramática,
dialéctica y música.

nantes, está en línea con Thierry de Chartres, cuyo *Eptatheucon* invita «ad cultum humanitatis» precisamente a través del septenario clásico de «artes sermocinales» y «artes reales» [14]. Está en línea con Juan de Garlandia, que urge a volver a las disciplinas liberales, tan maltratadas en las universidades [15], y con los maestros de Oxford que se aplicaban al *quadruuium* olvidado en París. En el marco del siglo XIII, en fin, Alfonso es uno de los reductos donde sobrevive con buena salud relativa el humanismo clásico, combatido violentamente desde los frentes de la metafísica y de la lógica. Y no es el menor aspecto de esa supervivencia la largueza con que la *General estoria* hace sitio a los «auctores» antiguos.

Otro punto nos interesa considerar: el saber, unitario, pero particularmente de manifiesto en las siete artes, tiene una trayectoria que Alfonso se complace en ir rastreando a lo largo de la crónica. En esencia, los orígenes del saber se explican por la revelación divina y el amoroso cultivo de esa semilla revelada: «destos linages de Seth cuenta Iosepho [I, 3] que ouieron ell ensennamiento de las cosas celestiales, de la astrología e de los otros saberes liberales e de Dios, e ell apostura dellos, lo uno porque lo aprendieron de sos

14. Cf. E. Jeauneau, «Le "Prologus in Eptatheucon" de Thierry de Chartres», en *Medieval Studies*, XVI (1954), páginas 171-175.

15. Vid. sólo É. Gilson, *La filosofía en la Edad Media*, Madrid, 1958, II, pág. 47.

padres [26], lo ál que estos saberes destas cosas ouieron ellos porque fueron sotiles e amadores de Dios, que gelos dio a saber, e que los fallaron ellos primero por Dios e desí por su sotileza, e ellos primeramente que otri» (I, pág. 20 *b*). Para que no se perdieran, «los que descendieron de Seth» grabaron tales saberes en columnas de piedra y de ladrillo, unas u otras destinadas a perdurar tras la primera de las dos destrucciones del mundo (por el agua y por el fuego) que Adán había profetizado: «el saber de las estrellas e de todo el cielo e de todos los saberes liberales, e del saber de la física, que es el saber que ensennan las naturas de las cosas, e de la methafísica, que es el saber otrossí que muestra connosçer a Dios e a las otras creaturas espiritales [...] fueron los saberes que los de Seth escriuieron en aquellos pilares de ladriellos e de piedra» (21 *a*) [17].

Los patriarcas, en general, se dieron apasionadamente al estudio, camino derecho a Dios, como sabemos (cf. arriba, págs. 130-131), y a su vez pre-

16. «Fueron buenos e lo aprisionaron a sos padres» (I, página 14 *a*), «lo començaron a aprender de su padre Seth e de Adam, que gelo contaua como lo aprendiera de Dios» (21 *a*).

17. Por su parte, Jubal, descendiente de Caín, «falló primeramente la mahestría de la música» (I, pág. 13 *a*) y la compendió también en columnas; y aún «puede seer que los de Caym fizieron sus pilares pora escriuir ý sus saberes» (21 *b*) «de las artes que dizen mecánicas» (14 *b*). Cf. M. R. Lida de Malkiel, «"Las infancias de Moisés" y otros tres estudios. En torno al influjo de Josefo en la literatura española», en *Romance Philology*, XXIII (1969-1970), págs. 424-426, y «Josefo en la *General estoria*», págs. 179-180.

miado por Él con la extraordinaria longevidad necesaria para alcanzar la ciencia: «Razona Iosepho [I, 4] que aquellos primeros omnes que eran más cerca de Dios, que se trauaiauan de los fechos e de los saberes en que eran las uirtudes de las cosas e los nobles e grandes pros, e que era esto el saber de la astrología e de la geometría e de todos los saberes liberales e de los otros; et que en escodrinnar las uirtudes desto que era tan alta cosa e tan noble e tan prouechosa, que por aduzirlos a las uirtudes puras e ciertas que se non podrié fazer en menos de seyscientos annos, et que tanto dura ell anno grand [18]. Et que por estos bienes de que se trabaiauan que les dio nuestro sennor Dios tan luengas uidas en que lo pudiessen complir» (37). Particular importancia en la historia del saber tuvo Cam (que luego «mudós [...] el nombre, e diziénle Zoroastres»): él se consagró a las disciplinas liberales «e assumó las reglas dellas», descubrió la magia y «fue el primero que escriptura fiziesse del saber de la astrología e lo dexó escripto», amén de volver a entallar las siete artes en columnas de ladrillo y de cobre, «porque

18. «Seyscientos annos», en efecto, trae Josefo; Lucas de Tuy, en cambio, fija el gran año en «quinientos e treynta annos» (I, pág. 86 *a*), lo que tampoco coincide con la cifra clásica (cf. Cicerón, *Somnium Scipionis,* VII, 24, y *Hortensius,* fr. 35; P. Boyancé, *Études sur le «Songe de Scipion»,* Limoges, 1936, *s. v.*). En otro momento se advierte que el buen conocedor del «arte que llama notoria [...] en todos los saberes liberales e los otros en menos de tres annos podrié seer buen mahestro» (I, pág. 79 *b*).

no se perdiessen en poco tiempo los saberes que él auié fallados con mucho e luengo estudio e lazrado en ellos luengo tiempo» (79).

En lo antiguo, la sede más notable del saber se hallaba en Caldea y Mesopotamia, y justamente allí estudió y enseñó Abraham hasta el punto de superar lo mismo a los patriarcas anteriores que a «quantos otros mahestros auié entre todos los caldeos»: cierto, «él trabaiaua de los saberes del quadruuio, e sobre todo del saber de las estrellas, e esto assí fallamos que lo fizieron, pero que unos más e otros menos, por la mayor parte, todos los padres de la linna, tan bien en esta segunda edad como en la primera, assí como uos contamos en las razones de la primera edad que lo cuenta dellos Josepho. Entre todas las otras tierras, los de Caldea se trabaiauan del saber de las estrellas más que otra yente a aquella sazón» (84 *a,* y cf. 107 *b*). Ahora bien, Abraham fundó luego en Egipto «escuelas de los saberes que dixiemos del arte de la astrología e de la arismética e de la geometría»; y aunque su estancia fue breve, bastó para que entre los egipcios llegara a florecer el árbol de la ciencia que hemos visto ir creciendo a partir de una semilla divina: «E maguer que Abraham fincó poco en aquella tierra, tanto ensennaua bien e agudamientre, que de estonces aprendieron los dallí las artes liberales, e las sopieron por Abraham, qui las decogió en Caldea, ó fueron primero, e las ensennó él en Egipto» (110-111).

Hora es ya de decir, por si el lector no lo hubiera advertido, que todo ello constituye —con cuanto sigue— la versión alfonsí del célebre motivo de la «translatio studii» [19]. Era idea común que el saber se traslada de una a otra morada histórica, del mismo modo que «regnum a gente in gentem transfertur» (Eclesiástico, X, 8), que el Imperio pasa de un pueblo a otro (cf. arriba, págs. 111-112). Existe, pues, una línea única del saber, a su vez unitario (y, como se ve, centrado particularmente en las artes liberales), que arranca de la Antigüedad y se mantiene hasta el momento de la Edad Media en que se formule la idea. Siempre el mismo, porque la continuidad preside todo su desarrollo, y siempre variable, porque cambia de volumen y de asiento principal, el saber fue primero don de Dios, y de los hebreos (afirmaban ya los apologistas griegos) se transmitió a los gentiles;

19. Cf. É. Gilson, *Les idées et les lettres,* París, 1955[2], páginas 179-186; E. R. Curtius, obra citada, págs. 52-54; H. Grundmann, «Sacerdotium, Regnum, Studium», en *Archiv für Kulturgeschichte,* XXXIV (1951), págs. 5-21; J. A. Maravall, *Antiguos y modernos,* págs. 216-220; V. Cilento, «Il mito medievale della *translatio studii*», en *Filologia e letteratura,* XII (1966), págs. 1-15; F. Rico, «Aristoteles Hispanus», *passim,* y en *Modern Language Notes,* LXXXIII (1968), pág. 321; A. G. Jongkees, «*Translatio studii:* les avatars d'un thème médiéval», en *Miscellanea medievalia in memoriam J. F. Niermeyer,* Groningen, 1967, págs. 41-51; A. Buck, *Die humanistische Tradition in der Romania,* Berlín-Zurich, 1968, págs. 76-77; A. D. Deyermond, en G. B. Gybbon-Monypenny, ed., «*Libro de buen amor*», *Studies,* Londres, 1970, pág. 59 (en realidad, Juan Ruiz trata un tema afín, pero no idéntico: la «translatio legis», bien conocida de la *General estoria,* I, página 200 *a*).

al heredarlos a ellos, los cristianos heredaban al pueblo elegido. De ahí la licitud de echar mano de la cultura clásica. Si, por ejemplo, el origen del hexámetro y de las figuras retóricas está en la Biblia, de donde los tomó Homero, según se aceptaba, ¿por qué el cristiano no iba a servirse de la métrica y de la preceptiva?[20]

No había coincidencia total respecto a cuáles fueron las varias etapas del saber, pero el principio de su existencia y concatenación era cosa universalmente admitida. Alfonso no es la excepción, desde luego, antes se aplica con singular fervor a perseguir detenidamente el proceso. Pues —añade— «de Egipto», adonde los llevó Abraham, los saberes «uinieron a los griegos» (111 a) y entre ellos conocieron un maravilloso esplendor. La *General estoria,* en efecto, empequeñece la importancia de lo recibido, para ponderar la magnitud de lo elaborado por Grecia. Primero, a orillas del Ladón, «que es río de muy buena agua, muy clara et muy sana, [...] uinieron todos los philósophos de Grecia a estudiar sobre las siete artes liberales. E assí como dize Oracio e las glosas de sobr'él[21], comién allí los philósophos muy poco

20. Vid. M. R. Lida de Malkiel, «La métrica de la Biblia (Un motivo de Josefo y San Jerónimo en la literatura española)», en *Estudios hispánicos. Homenaje a A. M. Huntington,* Wellesley, Mass., 1952, págs. 335-359, aunque la insigne estudiosa enfoca el tema desde otro punto de vista que el de la «translatio studii» que aquí nos interesa.

21. Un manuscrito lee «Orosio», y creo posible que el

pan, e de las raýzes de las yeruas que fallauan por
ý, e beuién del agua daquel río; e allí estidieron
fasta que apuraron aquellos siete saberes e los
pusieron a cada unos en sus reglas ciertas. E maguer que nós auemos dicho ya, segund Josepho,
que los saberes del quadruuio tomaron el comen-
ço en Caldea e dallí uinieron a Egipto [e] a
Grecia, esto dezimos que es uerdad quanto al su
comienço, mas, dotra guisa, en Grecia fueron apu-
rados e acabados e puestos en certedumbre»
(165 *b*) [22]. A los griegos tocó, pues, perfeccionar
el saber, especialmente en el nombradísimo *studium* ateniense: «se trabaiaron fasta allí en los estudios de los saberes [...], e esto fue en tierra
de Athenas más que en otro logar, porque eran
los estudios de los saberes allí mayores que en
otra tierra, e non cuedauan en ál. Onde los griegos, assí como cuenta maestre Pedro, los fueros
e las leyes e las sciencias, de sí las ouieron, como
quier que el primero comienço les uiniesse de
Egipto»; y no es sorprendente que hombres tan
ensimismados en las tareas de la inteligencia no
atendieran a la labranza hasta después de «que
fallaron las artes de los saberes e las ouieron aca-
badas de componer e escriuir e emendarlas e en-
dereçarlas» (258 *b*).

En esa labor de acendramiento y sistematiza-

_____

original trajera «Ovidio»: debía tratarse de una glosa a las
Metamorfosis, I, 702 y *ca.*
22. Cf. también I, págs. 195 *a,* 259 *a.*

ción del saber —cree Alfonso— tomaron parte
eruditos anónimos y grandes individualidades: Mi-
nerva, por ejemplo, «falló [...] e dixo e ensennó
e ennadió» en el dominio de las artes liberales «e
de las naturas» (186 *b*); Júpiter hizo otro tanto,
«emend[and]o los yerros» y supliendo las menguas
de sus predecesores (197 *a*), además de vulgarizar
las ciencias, poniéndolas «en romanz de Grecia»
(200 *b*); Cícrops llevó a un altísimo nivel las escuelas de Atenas, que de tiempo atrás eran las
más ilustres del mundo (192-193), ordenando
«que quantos aprender quisiessen de los saberes
liberales e dotros que todos uiniessen a ellos a
Athenas: et tan grandes se llegaron allí las cle-
rizías de muchas tierras, e tantos los philósophos
et tantos otrossí de buenos escolares e dotros maestros sabios, que cresció mucho además la fama e
la ondra de la cibdad de Athenas» (315 *a*); Aristóteles «fue ell omne que más dixo» de varias materias (555 *b*) y, en fin, muchos griegos desco-
llaron en la acumulación y por la eminencia del
conocimiento.

La siguiente fase de la «translatio studii» nos
conduce a Roma, por supuesto, pues «Roma, o los
romanos, o aun los latinos [...] quisieron auer
de los griegos aquellos siete saberes e ouiéronlos
ende, ca nós, los latinos, de los griegos auemos
los saberes. Onde dize Precián, en el comienço
del so Libro mayor [e inspirado por Horacio,
Epístolas, II, I, 167-7], que los griegos son fuentes de los saberes, e los latinos, arroyos que ma-

nan daquellas fuentes de los griegos» (165, b)[23]. Naturalmente, la parte publicada de la *General estoria* no llega a desarrollar las incidencias del saber en esa y las restantes etapas. Sí da, con todo, un sucinto itinerario del recorrido: «estos saberes primero fueron en Caldea que en otro logar, e dallí los ouieron los de Egipto, e de Egipto uinieron a los griegos, e de los griegos a los de Roma, e de Roma a Áffrica o a Francia» (111 a).

Es una lástima que no se dilucide el último punto. En el siglo XIII, la opinión más corriente hacia pasar el «studium» directamente de Roma a Francia[24] (en tanto el «sacerdotium» correspondía al Papado, y el «regnum», a Alemania). Pero no faltaba alguna voz discordante que se hacía cargo de otras contribuciones (árabes, por ejem-

23. En el mismo sentido, I, pág. 193 a, y la Cuarta parte, *apud* J. Amador de los Ríos, obra citada, III, pág. 599, n. 1.

24. En España, con todo, no debió ser muy grata esa opinión, como no lo fue la idea de la «translatio Imperii» (cf. «Aristoteles Hispanus», págs. 146-148, y la bibliografía citada en la nota 19), y es sintomático que el manuscrito *F* omita «o a Francia». En cambio, sorprende que, citando a Godofredo de Viterbo (111 a), Alfonso no indique que la «transmeatio sapientiae» concluye en los franceses y *en los españoles,* explícitamente mencionados en el *Pantheon* y en su fuente, Ottón de Freisinga (cf. A. G. Jongkees, art. cit., págs. 44-45). Inútil es explicar que aquí doy sólo un esbozo de lo que es el tema de la «translatio studii» en la *General estoria:* un trabajo monográfico debiera insistir, v. gr., en cómo la versión alfonsí combina dos itinerarios de diversa procedencia (Josefo, I, 9, cit. en 111 a: Caldea > Egipto > Grecia; fuentes medievales: Grecia > Roma... > Francia...) o se vincula con otras «translationes» («legis», «militiae», etc.) también tratadas en la crónica.

plo) al desarrollo del saber y, en consecuencia, entre la Roma antigua y la Europa medieval situaba algún jalón intermedio en el deambular del «studium» [25]. Quizá ocurra así en la *General estoria*, y la mención de «Áffrica» recoja la fama del extraordinario florecimiento cultural que allí se dio (basta recordar a Marciano Capella y San Agustín) en el invierno del Imperio, cuando, en palabras de Salviano, abundaban «las escuelas de artes liberales, los gabinetes de lectura de los filósofos y, en pocas palabras, todas las instituciones apropiadas para el aprendizaje de las letras y de la moral» [26].

En cualquier caso, más lamentable que la parquedad sobre esa sede intermedia, al fin factor externo, es el hecho de que Alfonso nada diga sobre la peripecia interna del saber después de la morada en Grecia. ¿Continuó como hasta allí? ¿Hay que reconquistarlo o cabe ya llevarlo a más? ¿Los modernos superan a los antiguos? [27] La respuesta a esas y más cuestiones es imprescindible para

25. Cf., así, la *Summa philosophiae*, posiblemente de autor oxoniense, *apud* L. Baur, *Die philosophischen Werke des Robert Grosseteste, Bischofs von Lincoln*, Münster, 1912, páginas 276-280.

26. *Apud* F. J. E. Raby, *A History of Secular Latin Poetry in the Middle Ages*, Oxford, 1957², I, pág. 105.

27. No parece que se refiera a las ciencias arquetípicas del saber, sino a las mañas del vulgo, la afirmación de que en tiempos de Cécrope las gentes del pueblo «eran aún estonces nescias e non sabidoras de las sabidurías que aprendieron et sopieron después e saben oy» (I, pág. 316 *a*); cf. arriba, página 104.

perfilar la imagen del saber en Alfonso X. Tal vez la parte inédita de la *General estoria* nos dé la solución. Como sea, la variante alfonsí del tema de la «translatio studii», según por ahora la conocemos, significa una confirmación más del peculiar sentido de la historia manifiesto en la obra —en el caso presente, se trata de la historicidad del saber— y la identificación de otro de los motivos conductores cuya recurrencia afianza la unidad del conjunto: obviamente, el enlace del saber en diversas épocas y lugares es uno de los vínculos que dan coherencia a la crónica universal [28]

28. Esa idea «ecuménica» del saber explica varios elogios (entre los muchos implícitos) de paganos y moros: «Los gentiles fueron de comienço los omnes del mundo que más se trabajaron de naturas de los saberes de las siete artes liberales», etc. (II, 2, pág. 6 *a*); «como quier que ellos [los aráuigos] anden errados en la creencia [...], grandes sabios fueron e son aún oy», etc. (I, pág. 85 *b*). No menos interesante es el brío con que Alfonso reivindica la dependencia cristiana respecto «del saber e de las costumbres de los gentiles, dont nós uenimos» (II, 1, pág. 164 *a*).

Texto y glosa

«Toda la pedagogía medieval —ha escrito el
Padre Chenu— se basa en la lectura de textos.» [1]
Es muy cierto; pero cabe matizar la observación,
interpolando un factor: «en la lectura *y en el comentario* de textos». El texto (trátese de la Biblia, Prisciano o el *Corpus Iuris*) es la «auctoritas», la formulación auténtica, aceptada de antemano, con patente de garantía, de la verdad; y al
maestro le corresponde sólo ilustrar y exponer esa
«auctoritas» en la *lectio*: «leer» vale "enseñar (a
través de la lectura comentada)". Incluso al mar-
gen de las aulas, los textos primarios circulan provistos de glosas; y a veces los comentos extensos
tienen vida independiente y abocan a una curiosa
situación: del texto se retienen y difunden únicamente los pasajes cuya dificultad pide explanación, en detrimento de los restantes, por valiosos

1. M.-D. Chenu, *Introduction à l'étude de Saint Thomas
d'Aquin,* Montreal-París, 1950, pág. 67; cf. E. Garin, *L'educazione in Europa, 1400-1600,* págs. 61-66.

que sean en sí mismos. Así, en el *studium* público o en la soledad del cuarto de trabajo, nace un hábito de extraordinarias consecuencias literarias[2]: el hábito intelectual de enfrentarse con un texto en disposición de completarlo, de desarrollar unos elementos que se suponen implícitos en él y aislar otros explícitos para considerarlos independientemente del contexto, de suplir datos y dar cuenta del original como si los contuviera. Es una operación lúcidamenda descrita por Marie de France: «gloser la lettre» y «de lur sen le surplus mettre»[3].

La *General estoria*, desde luego, deja bien claro cómo debe accederse al saber: sin duda como se accedía en las escuelas de Atenas, donde «leyén los maestros cada uno de su arte una leción que oyén todos los otros, e después cuydaban ý en muchas maneras, e desputaban e razonaban sobrellas, por entender meior cada unos aquello de que dubdauan e querién ende seer ciertos» (I, pág. 193 *b*). Se trata, pues, de leer y glosar lo leído, desde diversos puntos de vista (y antes de pasar, en su caso, a una *disputatio* que ahora no nos con-

---

2. Algunas señala Leo Spitzer, *Lingüística e historia literaria*, Madrid, 1955, págs. 105 sigs. Vid. ahora también E. Vinaver, *The Rise of Romance*, Oxford, 1971, págs. 14 sigs. Y compárese la distinción que establece Alfonso de Madrigal (*apud* M. Schiff, *La bibliothèque du Marquis de Santillane*, París, 1905, pág. 42) entre la «translatión de latín en vulgar» que «se faze por manera de *interpretación,* que es palabra por palabra», y la que se hace «por manera de *glosa,* la qual es absuelta et libre de muchas gravedades».

3. *I lai,* ed. F. Neri, Turín, 1946, pág. 2.

cierne) [4]: de «*leer* [...] cada un maestro una lectión de su art e después *departir* sobrellas, por las saber meior» [5].

Cómo se realizaba tal comentario, ese «departir» el texto, lo muestra poco menos que cada página de la crónica alfonsí. Mas para apreciarlo debidamente (al solo propósito que quiero discutir aquí) nos conviene remontarnos muchos siglos atrás; pues el método en cuestión, en la Edad Media válido para las más diversas disciplinas, procedía del mundo antiguo y se había gestado en la escuela del gramático, en torno a algunos monumentos literarios, a las obras de un selecto grupo de escritores reputados modélicos en todo sentido (en los siglos medios se hablará de los «auctores» por antonomasia). El fundamento de la educación griega helenística, en efecto, había sido ya la lectura de un texto (en primer término, la *Ilíada*), acompañada de explicaciones sobre los varios temas abordados por el autor. Por cuanto ahora nos

4. Cf. II, 2, pág. 62 *a*: «la manera que [...] an los escolares e los maestros en las escuelas, en aquello que llaman "disputar" en el lenguage de Castilla». Para la historia de la *disputatio*, cf. M. Grabmann, *Die Geschichte der scholastischen Methode*, Stuttgart, 1961[2].

5. Cf. *Partida II*, xxxi, 4: «Bien et lealmente deben los maestros mostrar sus saberes a los escolares leyéndoles los libros et faciéndogelos entender lo mejor que ellos pudieren»; y, en nuestra obra, I, pág. 707 *b*: «et assí como faz el buen maestro, que, desque a leýdas las leciones a sus disciplos, e [*sic*] gelas lee de cabo todas una uez, porque, si en algo dubdan en ellas, que sean çiertos dello los discípulos e les uenga emiente e las tengan más ffirmemientre en los coraçones».

interesa, solía empezarse por un sumario y unas rápidas indicaciones generales, para pasar a una explanación literal, vale decir, de peculiaridades léxicas, notas de morfología, problemas etimológicos, etc., y conceder particular atención a las figuras retóricas documentadas en cada pasaje. La siguiente etapa era el estudio del contenido: ahí se daban noticias históricas sobre personajes y lugares (con gran énfasis en las genealogías), se cribaban las referencias mitológicas, se deducían motivaciones y, en breve, se acumulaba información, recurriendo a todas las artes de la ἐγκύκλιος παιδεία, sobre cuantos asuntos y cosas se mencionaban en el texto. La conclusión del proceso era un «juicio», esencialmente moral y desde muy temprano centrado en la interpretación alegórica, en un desvelar las altas verdades sapienciales supuestamente encubiertas por el lenguaje de los símbolos [6].

En esencia, Roma se mantuvo fiel al sistema. Sobre todo, el núcleo del mismo, la exposición o *enarratio,* siguió girando en torno al comentario de forma («verborum interpretatio») y de contenido («historiarum cognitio», donde «historiae» significa "cuanto dice" el poeta). Un libro harto conocido por Alfonso el Sabio [7], los escolios de Servio a Virgilio, donde se decantan muchas exé-

---

6. Véase la clásica *Histoire de l'éducation dans l'Antiquité,* de H. I. Marrou: uso la versión inglesa, Nueva York, 1964.

7. Cf. M. R. Lida de Malkiel, en *Romance Philology,* XII, página 115.

gesis anteriores, da buena idea de cómo se procedía habitualmente. Ahí se enumeran los siete puntos que deben examinarse en una obra: 1) *poetae vita*, 2) *titulus operis*, 3) *qualitas carminis*, 4) *scribentis intentio*, 5) *numerus librorum*, 6) *ordo librorum*, 7) *explanatio*. En la «explanatio» propiamente dicha, Servio se extiende sobre los pormenores lingüísticos y en la identificación de las figuras retóricas, que nombra y desentraña. Una tercera parte de las notas, por otro lado, «son aclaración de alusiones históricas y literarias, mientras otras elucidan costumbres ya en desuso y otras aún (en proporción de una de cada tres) pueden considerarse como de intención psicológica, pues aspiran a mostrar que ciertas acciones descritas por Virgilio, aun si parecen sorprendentes, corresponden al carácter propio de los protagonistas» [8], según lo fijaba una tipología retórica en que las jerarquías literarias iban de la mano con las jerarquías sociales [9].

Tal método de lectura y glosa de los «auctores», si no siempre ni en todas partes se practicó oficialmente, sí fue de sobras familiar a la Edad Media: por un lado, los comentarios antiguos similares al de Servio circularon profusamente y pro-

8. R. R. Bolgar, *The Classical Heritage and Its Beneficiaries: from the Carolingian Age to the End of the Renaissance*, Nueva York, 1964, pág. 41 (y 396, para una estadística justificativa).

9. Cf. sólo E. Faral, *Les arts poétiques du XIIe et du XIIIe siècle*, París, 1958[2], págs. 86-87.

dujeron otros, a su imagen y semejanza, sobre libros antiguos y modernos (tal el llamado «en el latín *Theodolo* et en el lenguage de Castiella *Theodoreth*», II, 1, pág. 65 *b*) [10]; por otra parte, nunca faltaron centros de enseñanza cuyos programas perpetuaban, con mayor o menor puntualidad, los vigentes en las escuelas del Bajo Imperio. En efecto, incluso cuando se proscribían las letras clásicas, el estudio de la Biblia se ajustaba en buena medida a los procedimientos de la vieja *enarratio*, según el modelo propuesto por San Agustín [11], codificado por Casiodoro, redefinido por Roberto de Melun [12] (para aducir sólo algunos nombres insignes). Desde luego, las novedades medievales fueron muchas; así, el comentario se limitó a menudo a una introducción («accessus») en que se examinaban de una vez, no los siete puntos prescritos por Servio ni los seis señalados por Boecio, sino cuatro cuestiones generales: 1) *materia,* 2) *intentio,* 3) *utilitas* y 4) *philosophiae suppositio* (es decir, «cui parti philosophiae supponatur quod scribitur») [13]. En la *expositio* más elaborada, a su vez,

10. Vid. M. R. Lida, *ibid.,* pág. 119; sobre el comento de Bernardo de Utrech a Teodulo, R. Klinck, *Die lateinische Etymologie des Mittelalters,* págs. 169-184, y R. B. C. Huygens, obra citada más abajo.

11. Cf. H. I. Marrou, *Saint Agustin et la fin de la culture antique,* París, 1938, págs. 402 sigs.

12. Cf. B. Smalley, *The Study of the Bible in the Middle Ages,* Notre Dame, 1964, págs. 30, 216 sigs.

13. Cf. E. R. Curtius, *op. cit.,* págs. 314-315; F. Ghisalberti, «Medieval Biographies of Ovid», en *Journal of the Courtauld and Warburg Institutes,* IX (1946), en especial pá-

se fundieron en ocasiones las dos direcciones de la *enarratio* y el *iudicium* final, para ofrecer una triple pauta de análisis desde el punto de vista de la *littera*, el *sensus* o «aperta significatio» (básicamente correspondía tratar ahí la «historiarum cognitio») y la *sententia* o «profundior intelligentia» del texto, centrada sobre todo en la comprensión alegórica [14]. Otras veces se alteró el orden de los factores, atendiendo «ad sensum primum [...], dehinc ad allegoriam et moralitatem, post etiam dictionum [...] materiam» [15]. Pero esos y otros reajustes son precisamente pruebas de la vitalidad del sistema, capaz de adaptarse a las exigencias de una obra o a las condiciones de un buen profesor. Así, Juan de Salisbury nos ha dejado unas páginas preciosas sobre los modos de la *lectio*, brillantemente cultivada —advierte— por su maestro Bernardo de Chartres. Ahí se pintan las varias etapas del comentario: las observaciones lingüísticas; la discusión de metaplasmos, tropos y otras figuras; la «diacrisis» de historia, trama y «fabulae»; la exégesis de cada tema con ayuda de las artes liberales, la física y la ética... [16] De la Grecia

ginas 14-16; R. B. C. Huygens, *Accessus ad auctores* (B. de Utrech, *Commentum in Theodolum*; C. d'Hirsau, *Dialogus super auctores*), Leiden, 1970.

14. Vid. R. R. Bolgar, *ibid.*, pág. 217.

15. Cf. R. Klink, *op. cit.*, pág. 172; vid. también D. Gundisalvo, *De divisione philosophiae*, págs. 140-142.

16. *Metalogicon*, I, 24: ed. C. C. Webb, Oxford, 1929, páginas 54-56, o en la útil traducción anotada de D. D. McGarry,

antigua a la Europa medieval no hay esencialmente ruptura de la continuidad en la forma de enfrentarse con los «auctores».

No es dudoso, entiendo, que en la España del siglo XIII existía una cierta medida de enseñanza de los clásicos dentro de tal tradición o, por lo menos, que era perfectamente conocido el profesional de esa enseñanza o cultivador de sus métodos: vale decir, el «auctorista» (nombre más antiguo del que luego se llamaría «humanista» u «orator») [17]. En efecto, Honorio III, en 1220, distinguía cuatro tipos de maestro en la Universidad de Palencia como a «teologum, decretistam, logicum et *auctoristam*» [18]. En fecha no muy lejana, el *Libro de Alexandre* menciona los relatos mitológicos que «contan l[o]s *actoristas*» (c. 1197 *a*:P). Obviamente, donde había «auctoristae» debía haber «auctores». A finales del siglo XII, un canónigo de Toledo pudo reunir una biblioteca privada compuesta, entre otras, por obras de Virgilio, Juvenal, Cicerón, Prudencio, Lucano, Prisciano, Terencio y hasta Aulo Gelio [19]. En Santo Domingo de

---

The Metalogicon of John of Salisbury, Berkeley, 1962, páginas 66-69.

17. Cf. G. Billanovich, «Auctorista, humanista, orator», en *Rivista di cultura classica e medioevale*, VII (1965), especialmente págs. 143-155.

18. Vid. H. Denifle, *Die Universitäten des Mittelalters bis 1400*, Berlín, 1885, pág. 475, n. 1039; H. Rashdall, *The Universities of Europe in the Middle Ages*, Oxford, 1936², II, página 67.

19. Cf. J. González, *El reino de Castilla en la época de*

Silos eran accesibles Salustio, Estacio, el *De consolatione philosophiae,* el *Doctrinale,* unas «glosas de Oratio» [20]. Alfonso pedía en préstamo al monasterio de Nájera la *Tebaida* y el *Somnium Scipionis* comentado, libros de Boecio, Donato, Prisciano, Prudencio, amén de *Geórgicas, Bucólicas* y *Heroidas* [21].

Quiere ello decir (y cabría multiplicar los datos) que en la Península se leían todos o casi todos los poetas y prosistas que la época había elevado al pedestal de «auctores» y codificado en registros o catálogos con pretensiones de exhaustividad [22]. Alfonso, en concreto, no sólo se refiere una y otra vez a «los auctores», sino que parece tener presente un canon cerrado de acuerdo con el cual reconoce esa condición a un determinado escritor (el asunto es digno de una monografía). Desde luego, resulta evidente que no todos los clásicos reciben semejante consideración y que los «auctores» forman grupo aparte entre los «sabios» paganos: «et, en todos los gentiles, los sabios que nós fallamos que más fablaron dessa ley que los genti-

---

Alfonso VIII, Madrid, 1960, I, págs. 628-629. El «Vindovicensis opus» ahí citado quizá sea el *Ars versificatoria* de Matthieu de Vendôme, «Vindocinensis opus» (1, v. 2).

20. Vid. W. M. Whitehill y J. Pérez de Urbel, «Los manuscritos del real monasterio de Santo Domingo de Silos en el siglo XIII», en *Boletín de la Real Academia de la Historia,* XCV (1929), págs. 521-601.

21. Cf. arriba, pág. 41, n. 9.

22. Comp. E. R. Curtius, *op. cit.,* págs. 79-84.

les auién, los autores fueron» (II, 1, pág. 53 *a*).
Por otro lado, cabe preguntarse si no eran esencialmente los poetas quienes merecerían la califi-
cación: «los auctores de los gentiles, que fueron
poetas, dixieron muchas razones en que desuiaron
de estorias» (I, pág. 369 *a,* y cf. 156 *a*; II, 1, página 149 *a*). Sí se diría cierto, en cambio, que en
el hipotético canon en cuestión entran por igual
paganos y cristianos, antiguos y medievales, aunque no confundidos, según ocurría con harta frecuencia, antes situados en casilleros independien-
tes «los auctores de los gentiles» y «los nuestros
auctores», como, verbigracia, «maestre Galter, en
el *Alexandre*» (I, pág. 399 *b*). Y es fácil comprobar por todas partes que apenas hay ocasión en
que se aduzcan «los autores» sin completarlos con
las glosas de «los esponedores» o con una exégesis de primera mano.

Justamente aquí quería llegar. Pues tengo por
seguro que el modo de elaborar las fuentes antiguas (y algunas medievales) en la *General estoria*
es fundamentalmente la aplicación de las técnicas
habituales en la lectura de los «auctores» [23]. Doña

---

23. Por otro lado, como noté, la «lectio divina», *i. e.,* de
la Biblia, había sufrido desde siglos atrás una fuerte influencia
de tales técnicas; de ahí que el tratamiento de los «auctores»
y el de la «sacra página» ofrezcan en la *General estoria* buen
número de coincidencias: por ejemplo, la introducción a los
libros bíblicos suele hacerse según el patrón del «accesus» (así
en II, 1, págs. 3-6), se atiende a «poner primero las palabras
mismas del latín [...] e después departirlas» (I, pág. 399 *a*),
etcétera, etcétera. Pero para la Escritura se usan además otros

María Rosa Lida, con la perspicacia que era en ella habitual, estudió las versiones alfonsíes de varios escritores profanos (sobre todo Ovidio) y reunió una importante gavilla de observaciones sobre la acogida de los textos clásicos en el seno de nuestra crónica. Notaba, así, la llorada profesora argentina que el «excurso» sobre el Nilo, basado en la *Farsalia*, «se arrea en la *General estoria* con un cúmulo de pormenores imaginarios totalmente ajenos al original» o que no «es raro que la versión de una bella fábula ovidiana se interrumpa con digresiones didácticas que desbaratan su estructura»; que las extensas citas de Plinio «irrumpen a deshora en el relato sagrado o profano» (multiplicando la información sobre los temas citados ahí); que «la traducción jadea fatigosamente hasta poner en claro el sentido de cada palabra», «amplifica por sistema, y por sistema rechaza la frase epigramática, y la glosa demoradamente»; que el «afán didáctico es causa de que con mucha frecuencia la traducción incluya en el texto las aclaraciones que hoy irían al pie de página»; que a menudo la moralización «irrumpe

---

métodos, propios sobre todo de la «lectio divina», tal el de la «quaestio» (cf., v. gr., II, 2, pág. 236 *b*: «E dizen muchos en este lugar que si estos mató Dios por esto, que ¿por qué non matara otrosí a todos los filisteos que la vieran? E sobresto responden los maestros de la theología e sueltan esta pregunta», etc.). Y, naturalmente, el conjunto, sagrado y profano, se somete a las pautas historiográficas parcialmente examinadas más arriba.

en el texto original con incongruencia que acota la obsesión didáctica del regio traductor», etcétera, etcétera. Todo ello es muy cierto, y en parte es exacto también que nos las habemos con «una versión amplificatoria, pero de ningún modo por simple pujo retórico, sino como expresión forzosa del didactismo y realismo retórico racionalista que presiden la concepción de toda la obra» [24].

Tales indicaciones y tales premisas, sin embargo, están contenidas en la explicación que propongo. La *General estoria* —pienso— *no da tanto una traducción cuanto una «enarratio» de los «auctores»*. Si se tratara estrictamente de una traducción, sí podría hablarse con absoluta propiedad de excursos impertinentes, de digresiones inútiles, de traición a los originales: y se podría, muy en particular, porque esa "amplificación" contrastaría llamativamente con el literalismo y la profunda sujeción a las fuentes que caracteriza a los traductores alfonsíes de —digamos— los *Libros de as-*

24. *Romance Philology*, XII, págs. 113-114, 117, 122, 123, 125. Menos perceptivos, pero no inútiles, son los trabajos de G. H. London - R. J. Leslie, «A Thirteenth Century Spanish Version of Ovid's "Pyramus and Thisbe"», en *Modern Language Review*, L (1955), págs. 147-155; J. R. Chatham, «A Thirteenth Century Spanish Version of the Orpheus Myth», en *Romance Notes*, X (1968), págs. 180-185; y G. Pinkernell, «Die Geschichte Ganymeds in der *General estoria*», en *Romanistiches Jahrbuch*, XXI (1970). [En prensa estas páginas, veo el excelente estudio de Lloyd Kasten, «The Utilization of the *Historia Regum Britanniae* by Alfonso X», en *Hispanic Review*, XXXVIII (1970), núm. 5 (extraordinario con paginación independiente), págs. 97-114.]

tronomía o el *Calila e Digna*[25]. Pero si Alfonso estaba sometiendo los textos al desentrañamiento de una *expositio* similar a la practicada en las aulas y aun fuera de ellas considerada forma habitual y correcta de enfrentarse con el libro, con la «auctoritas», entonces excursos, digresiones, cuanto hoy pueda antojársenos un ir más allá de los originales, todo queda unitariamente integrado. Y creo que así ocurre en la *General estoria*: tan hechos estaban los compiladores a desmenuzar a los clásicos en la *lectio,* que, al usarlos en la crónica, recurrieron al mismo sistema de la *explanatio,* de no servirse del texto sino con la glosa. Claro está que la crónica incluye las obras de los «auctores» sólo a retazos y que, por tanto, sólo a retazos le conviene aplicar las técnicas de la *enarratio;* pero,

25. Cf. J. M. Millás Vallicrosa, «El literalismo de los traductores de la Corte de Alfonso el Sabio», en sus *Estudios sobre historia de la ciencia española,* Barcelona, 1949, páginas 349-358, y A. Galmés de Fuentes, *Influencias sintácticas y estilísticas del árabe en la prosa medieval castellana,* Madrid, 1956. Creo que la *Estoria de España* (donde ya notó el maestro Menéndez Pidal que Alfonso «expone con amplitud y a menudo interpreta y borda el texto que sigue; no *traduce,* sino que *deduce*»; I, pág. L) ocupa un lugar intermedio entre esa servidumbre a la letra y el amplísimo desarrollo de la *General estoria:* véase en particular F. Lázaro Carreter, «Sobre el "modus interpretandi" alfonsí», en *Ibérida,* VI (1961), páginas 97-114, y otros estudios mencionados en los valiosos artículos de S. G. Armistead, «New Perspectives in Alfonsine Historiography», en *Romance Philology,* XX [1966-1967], página 207, n. 12, y D. Catalán, «Poesía y novela en la historiografía castellana de los siglos XIII y XIV», en los *Mélanges offerts à Rita Lejeune,* Gembloux, 1969, pág. 423 y n. 2.

a la postre, de todas ellas se echa mano a lo largo de la *General estoria* y no hay texto de «auctor» canónico o afín a los del canon que no se beneficie de una u otra [26].

Alfonso sabe perfectamente que existen diversas opiniones sobre el número de puntos que deben examinarse en un «accessus»: «muchos de los maestros, quando quieren leer sus libros en las escuelas, demandauan en los comienços dellos unos tantas cosas e otros más, los unos .v. cosas, et los otros VI, e ay otros que aun más» (I, página 465 a) [27]. Y, desde luego, él inquiere aquí y allá la mayor parte de las cuestiones tradicionalmente planteadas. Así —veamos unos pocos ejemplos—, si Servio y otros aconsejaban iniciar el comentario

26. Como señalé arriba, la tradición era incluir a la historia en el dominio de la gramática (cf. J. Fontaine, *Isidore de Séville et la culture classique dans l'Espagne wisigothique*, páginas 180-183), y seguramente así opinaba Alfonso X, pues tanto en la *Estoria de España*, pág. 3 (a zaga del Toledano), como en la *General estoria*, II, 2, pág. 2, parece seguirse el orden de ideas del «locus classicus» agustiniano, *De ordine*, II, XII, 36-37 (de la invención de las letras y la gramática, a la compilación de obras históricas). Ahora bien, puesto que también la «enarratio auctorum» formaba parte de la gramática, es comprensible que intercambiara sus métodos con los historiográficos (nótese que cosa muy semejante ocurrió entre los humanistas: es uno de los puntos en que corresponde a Alfonso un papel de modesto «precursor»).

27. Lo que sigue al párrafo citado es una adaptación a toda «obra de mano de omne» de los cuatro principios (*materia, intentio*, etc.) corrientes en el «accessus» medieval (nos garantiza que se piensa en él la mención inmediata de la *lectio* escolar), combinada con el esquema de las cuatro causas aristotélicas.

con una *poetae vita,* Alfonso no duda apostillar
una cita de las *Metamorfosis* con una comprimida
biografía de Ovidio («que fue uarón tan sabio e
uno de los tribunos de Roma», etc., I, pág. 570
b; cf. II, 1, pág. 53 *b*) o extenderse sobre Dictis
y Dares, «los que compusieron esta estoria» de
Troya (II, 2, págs. 159-160). Si se había reco-
mendado explicar el *titulus operis,* nuestra crónica
lo hace bien puntualmente con el de *Theodolus*
(I, pág. 134 *b;* II, 1, pág. 65 *b*), el del «libro de
Faustos» (I, pág. 280 *a;* II, 1, pág. 164 *a*) o el de
la *Bucólica* virgiliana (II, 2, pág. 30 *b*). Si conve-
nía dar cuenta del género o *qualitas,* se distinguen
la «estoria» y la «fabliella» (así en II, 1, página
149 *a*) o se identifica la forma literaria que cultiva
el «poeta» (I, pág. 156 *a,* 369 *a*). Si importaba
mucho la *scribentis intentio,* puede ilustrársenos
minuciosamente sobre cuál fue «la entençión de
Ouidio en esta epístola» (II, 2, pág. 228 *a*).
Si se prescribía indicar el *numerus librorum,* Alfonso llega al extremo de copiar unos versos latinos y, antes de traducirlos y glosarlos, dar la información bien excusada de que «estos uiessos son
.v.» (I, pág. 364 *a*) o que el poeta dice «ende
seys uiessos» (II, 1, pág. 84 *b*).

Por otra parte, esas diversas perspectivas características de la *lectio* se combinan a cada paso a
propósito de los textos aducidos. Cuando estos son
breves, se aprecia con particular facilidad cómo se
realizaba usualmente la *enarratio.* Así, por caso,
la transcripción de unas líneas ovidianas (*Meta-*

morfosis, I, 72-75) se flanquea con la advertencia de que proceden del «comienço del primero
de los xv libros del su *Libro mayor*» y de que son
exactamente «quatro uiessos» (es decir, se abordan
el *numerus* y el *ordo librorum*); y se completa con
glosas semánticas («paresce que dize aquí Ouidio
"región" por regno o por cada uno de los elementos, e "suelo celestial" por ell elemento del fuego»), una versión con notas explicativas («despo-
iado, fascas "yermo"», «e déuese entender...»),
un apunte biográfico sobre el autor y un detenido
comentario doctrinal (I, pág. 570). O bien, unas
páginas más allá, otra sentencia del mismo Ovidio
es objeto de un tratamiento parejo, que omite la
poetae vita, esbozada poco antes, e introduce una
acotación sobre el *titulus operis:* «E Ouidio otrossí, en el libro *De las sanidades dell amor,* a que
llaman Ouidio *De remedio amor[is]* (e es aquí
"remedio" por espaciamiento del mal, o por sani-
dad que la cosa a), en que diz assí sobresta razón
este uiesso en latín: *Da uacue menti, quo teneatur,
opus.* Et quiere este uiesso dezir en el lenguage de
Castiella desta guisa: a la mient uázia —fascas que
non está faziendo nada e se anda de uagar—, dal
tú alguna obra en que se detenga. E esta palabra
"obra" non es dicho sinon de bien, porque,
quando algo fiziere ell omne e la su mient en ello
pensare, tanto aurá sabor daquello, que el diablo
adur ['apenas'] o en ninguna guisa nol puede
mouer a fazer ál, nin aun a pensar en ello» (I,
página 605 *b*). En cifra, aquí y en otros lugares

por el estilo se ofrecen al lector «enarrationes» típicas, donde los textos se asedian con los procedimientos del *accessus* y desde el triple punto de vista de *littera, sensus* y *sententia*.

Por esos tres niveles de análisis, en efecto, suelen pasar los «auctores» en la *General estoria*. Desde luego, la explanación de la *sententia* y el *sensus* son particularmente llamativos. Por sistema se atiende a dilucidar «la sentencia de lo que quieren dezir» las fuentes puestas a contribución y a subrayar «los pros e los ensennamientos que ý viennen» (II, 1, págs. 147 *b*, 149 *a*); y la regla es extraerlos por el camino de la alegoría, «aquello que dize uno e da ál a entender» (*ib.*, pág. 262 *b*), pues es creencia firme de Alfonso y su tiempo que «los auctores de los gentiles fueron muy sabios omnes e fablaron de grandes cosas, e, en muchos logares, en figura e en semeiança d'uno por ál» (I, página 162 *b*)[28]. También el *sensus* se persigue tenaz y sistemáticamente: con ayuda de toda la enciclopedia (y fieles al principio de la unidad del saber, que justifica cualquier mixtura de ciencias o artes), los compiladores nos ilustran copiosamente sobre cuantas personas, costumbres, medidas, animales, cosas, lugares, desfilan por las páginas de la crónica; las acciones se desmenuzan y se

28. Cf. M. R. Lida de Malkiel, *Romance Philology*, XII, páginas 113-115, etc. Sobre la interpretación alegórica de los clásicos, cf. últimamente D. C. Allen, *Misteriously Meant*, citado arriba, págs. 83 sigs.

multiplican las explicaciones psicológicas [29]; las aclaraciones de detalle son continuas, prodigándose los «fascas...» y los «quiere dar a entender...» y los «llama aquí...» que toman distancia respecto al texto para dejar patentes todos los matices de la «aperta significatio».

Pero la muestra más reveladora de que Alfonso emplea con los «auctores» las técnicas de la *enarratio* quizá sea la glosa de la *littera*: menos voluminosa que el comento del *sensus* o la *sententia*, es, con todo, más peculiar, menos explicable dentro de otro sistema. Tradicionalmente, la explanación de la *littera* incluía observaciones sobre morfología, sintaxis, léxico y etimología, por un lado, y, por otro, apostillas sobre las figuras y recursos retóricos rastreables en el texto. Pues bien, aunque escribiendo en castellano había poca oportunidad de tratar la morfología y no digamos la sintaxis de los originales (por lo demás, los «auctoristae» de los siglos XII y XIII las atendían sólo por excepción), Alfonso no deja de introducir notas del corte de la que certifica «que este nombre *bouem* nombre comunal es de maslo e de fembra» (I, página 314 *b*.) Las acotaciones léxicas, desde luego, son numerosísimas [30]: desde la equivalencia sucinta, como en una entrada de diccionario («dize en el latín *alumpnus* por criado e *alumpnus* por sobrino, e otrossí *alumpna* por criada e *alumpna* por sobri-

29.   Vid. M. R. Lida, *ibid.*, págs. 124-125.
30.   Compárese H. A. Van Scoy, «Alfonso X as a lexicographer», en *Hispanic Review*, VIII (1940), págs. 277-284.

na», etc., I, pág. 601 *b*), hasta poco menos que la monografía (v. gr., sobre «estas dos palabras *colere* e *adorare*», I, pág. 410, con referencias a Uguccione da Pisa, Papías, Eberardo de Béthune), la *General estoria* pasa por todos los grados de la práctica lexicológica. Papel no menos importante corresponde a la etimología, notablemente en la explicación de los nombres propios: los ejemplos salen continuamente al paso del lector más apresurado [31].

Sin embargo, en el nivel de la *littera*, la dependencia alfonsí respecto de los «auctoristae» se torna particularmente diáfana en el dominio de la retórica; pues si en la exégesis del *sensus* y —en menor medida— de la *sententia* los hábitos de la *enarratio* podían coincidir eventualmente con las conveniencias de la historiografía, en ese apartado de la *littera* solo aquellos dan cuenta del proceder repetido de nuestra crónica. Que, en efecto, del mismo modo que ciertos poemas del siglo XV menudean los epígrafes que dan fe de acatamiento a la preceptiva («Descripción del tiempo», «Comparación», «Ynvocación», etc.) [32], gusta de introducir observaciones más o menos detenidas sobre los usos retóricos de los textos [33]. Así, la narración

31. Para la lexicografía y la etimología deberá verse el registro crítico de voces glosadas en el texto de la *General estoria* que tiene en prensa Ramón Martínez López, en la serie *Acta Salmanticensia*.

32. Cf. R. Lapesa, *La obra literaria del Marqués de Santillana*, Madrid, 1957, pág. 298.

33. Como es sabido, Alfonso X encargó a un cierto Gal-

de los azares de «la inffante Calixto» se contrapun-
tea con la identificación de métodos y figuras como
el *proverbium* («Aquí dize ell autor sobresto este
prouerbio»), la *expositio* («Agora espone esta palabra ell autor otrossí»), los «attributa personae»
ab habitu, a natura y *a facto* («Aquí dize ell autor
de sus costumbres della, e de la su natura e de
los sus fechos»), la *ironia* («e es esto una manera
de fablar a que llaman los sabios "yronía", e fáze-
se esta figura quando alguno fabla de alguno con
sanna yl non quiere nombrar e dízelo por otras
palabras, como aquí», I, págs. 598-600). En esa
misma vena, la *General estoria* llama la atención
sobre el apóstrofe a seres inanimados (« e traen
muchas uezes los omnes buenos esta manera de
fablar», I, págs. 119 *a;* cf. II, 1, pág. 170 *b*), el
exemplum (I, págs. 80 *a,* 163 *b;* II, 1, página 177 *a,* etc.), la *ratiocinatio* (v. gr., II, 1, página 168 *a*), la *percontatio ad seipsum* (o razonar-
se «contra sí mismo», II, 1, pág. 198 *b;* II, 2,
pág. 62 *a*), etc. Como cabía esperar, dada su frecuencia, las imágenes merecen ser especialmente
realzadas, y para ellas llega a ritualizarse la fór-

fridus Anglicus un *Ars scribendi epistolas* (cf. E. Faral, *Les
arts poétiques du XIIe e du XIIIe siècle,* págs. 15-16; E. S.
Procter, *Alfonso X of Castile,* Oxford, 1951, pág. 130; V. Bertolucci Pizzorusso, «Un tratato di *Ars dictandi* dedicato ad
Alfonso X», en *Studi mediolatini e volgari,* XV-XVI [1968],
páginas 9-88). Cf. J. J. Murphy, *Medieval Rhetoric: A Select
Bibliography,* Toronto, 1971, para una buena información sobre las *artes dictandi.*

mula: «En este logar pone ell autor una semeiança», «Agora pone aquí la estoria una semeiança»,
etc. (cf. en II, 1, págs. 152 *a,* 171 *a,* 177 *a,* 191-
192, etc.). Algún pasaje breve se examina desde
el punto de vista de todos los «attributa personae» contenidos en él y según el esquema escolar
del *quis, quid, quem:* «En estos uiessos tañe mahestre Godofré estas siete cosas deste rey: el linage dónde uino, qué omne fue, qué nombre ouo,
qué cuerpo, qué quiso, por quién le demandó, qué
acabó ende» (I, pág. 74 *a*). En fin, tampoco falta
el examen demorado de una cuestión, «la manera
de los comienços de las estorias», que apasionaba
a los teóricos medievales y sin duda interesaba en
extremo a Alfonso [34], quien, de acuerdo con Godofredo de Vinsauf (*Documentum de arte versi-
ficandi,* I, 1, sigs.) y a zaga del «esponedor de Estacio», la resuelve en el sentido de que «dos maneras [...] ouieron los abtores de que usaron en
las entradas de sus razones [...]: natural, de natura, e [...] comienço de maestría, o del arte»
(II, 2, pág. 49 *a*).

La técnica de la «versión amplificatoria» alfonsí, pues, concuerda en general con los hábitos de
la *lectio* y viene determinada, para los «auctores»,
por los métodos de la *enarratio.* No puede sorprendernos. El importante papel concedido a los

34. No sólo se hallan varias discusiones del asunto (I, páginas 465 *a,* 492 *b,* 705 *a;* II, 2, pág. 207 *a*), sino que los
compiladores cuidan con especial esmero los comienzos de cada
libro (es común empezarlos *a sententia* y aun *ab exemplo*).

«auctores», subrayado por la aplicación de las ilustres y refinadas maneras de la *enarratio,* es solidario del notable interés por la antigüedad gentil que caracteriza a la *General estoria* (y que la aleja del patrón de la «biblia historial»: también ahora género y génesis se iluminan entre sí). La *enarratio* es además testimonio del esfuerzo de Alfonso por interpretar y dar forma al pasado, como tal pasado, pero, necesariamente, con perspectiva coetánea: gracias a ella se prolonga el diálogo vital, familiar, con el mundo antiguo, que, según vimos, llevaba al Rey a cotejarse con Cécrope o a continuar a Hispán. Por otro lado, la valoración de la tradición clásica patente en la *enarratio* coincide con el humanismo de las artes liberales de que da fe la *General estoria.* Finalmente, el recurso a los más variados saberes para glosar cada punto que atrae a Alfonso, no sólo concuerda con las prácticas de la *enarratio,* sino que se ensambla con limpieza en una imagen del saber como totalidad: todos los saberes particulares pueden vincularse en la crónica, porque, en resumidas cuentas, el saber es unitario, como el cosmos y el tiempo histórico. El proceso de elaboración de los «auctores» es coherente con los diversos rasgos de la *General estoria* tan someramente esbozados en las presentes páginas.

NOTA DE 1984

El *setenario* alfonsí del año que corre ha resuelto a los editores a no seguir condescendiendo
con mis dilaciones o excusas de mal pagador y a
reimprimir el presente libro tal como apareció en
1972, sin más retoques que la corrección de las
principales erratas advertidas [1] ni más complementos que las líneas que siguen. Es el caso que la
reimpresión se había venido retrasando por mi
deseo de añadirle unas páginas que permitieran
subtitularla «tres lecciones y un ensayo». El «ensayo» debía apuntar cómo se enlazan la visión del
saber manifiesta en la *General estoria* y el conjunto de las tareas culturales —literarias y no literarias— promovidas por don Alfonso; e insistien-

1. No obstante, he transigido con alguna impropiedad en
la división silábica del inglés (así en las págs. 86, n. 3, 94,
n. 11 y 98, n. 2) y, de peor gana, con ciertas inconsecuencias
en el empleo de la cursiva y de las comillas. Por otro lado,
hoy hubiera distinguido con tilde la forma verbal *a*, de *aver*.
Notaré, en fin, que el artículo de A. D. Deyermond anunciado
en la pág. 69, n. 3, no ha llegado a publicarse como tal (antes
va en camino de convertirse en todo un libro), y que el *Homenaje* citado en la pág. 96, n. 13, salió al fin en 1975 (y con
la nota en cuestión renumerada como 46 *bis*).

do en varias consideraciones del apartado «Texto y glosa» —especialmente menesteroso de desarrollo— debía sugerir por qué los rasgos más característicos de nuestra crónica son indisociables del hecho de que fuera compuesta en romance (y no en latín, según en principio cabía esperar) y en qué forma conjugaba el Rey la predilección por el castellano con el poliglotismo definitorio de sus gigantescas *opera omnia*. No renuncio a escribir pronto esas páginas, a conciencia de cuán provisionales habrán de ser mientras no dispongamos de monografías sobre aspectos del quehacer alfonsí apenas rozados todavía (sin embargo, por una vez, no acabo de concordar con mi entrañable Margherita Morreale, cuando, al publicarse las «lecciones» de marras, me decía con cadencias malagueñas: «Yo los *paperbacks* los prefiero póstumos»). Pero tampoco puedo entretener más a los editores, y me agrada pensar que mis «tres tristes torsos» quizá aún serán capaces de prestar algún servicio, incluso sin necesidad de revisarlos o acrecerlos substancialmente.

La atención y la benevolencia con que fue acogida la edición de 1972[2] sin duda dependían de

2. He visto y agradezco las reseñas de H.-J. Niederehe, *Romanistisches Jahrbuch*, XXIV (1973), págs. 408-412; L. Basalisco, *Quaderni ibero-americani*, núm. 42 (1973), págs. 182-186; M. Morreale, *Zeitschrift für romanische Philologie*, XC (1974), págs. 394-400; P. L. Crovetto, *Medioevo romanzo*, I (1974), págs. 331-333; R. B. Tate, *Bulletin of Hispanic Studies*, LII (1975), págs. 151-153; D. Eisenberg, *Modern Language Notes*, XC (1975), págs. 299-300; R. Langbehn-Roland, *Lexis*,

la poquedad en número y de la limitación en alcance de los trabajos consagrados a la *General estoria*. En los últimos doce años, la bibliografía sobre el rey Sabio ha aumentado en cantidad y calidad [3], pero me temo que la crónica universal continúa relativamente postergada. No es aún normal reconocerle con toda naturalidad el lugar de excepción que le corresponde en las letras españolas y europeas de la Edad Media, porque fal-

---

I: 2 (1977), págs. 229-233 («Tres estudios en torno a Alfonso X»); C. B. Faulhaber, *Romance Philology*, XXXI (1977-1978), págs. 397-403. De entre las aparecidas en periódicos y revistas de otra índole, mencionaré sólo las de A. Amorós (*El Urogallo*, núm. 23 [1973], pág. 122), C. Castroviejo (*Hoja del lunes*, Madrid, 21 de mayo de 1973), A. D. Deyermond (*Times Literary Supplement*, 23 de mayo de 1975, pág. 573) y J. M. Díez Borque (*La estafeta literaria*, núm. 519 [1973], págs. 1387-1388).

3. Baste remitir a las adecuadas presentaciones de D. Eisenberg, «Alfonsine Prose: Ten Years of Research», y de J. Snow, «Trends in Scholarship on Alfonsine Poetry», ambos en *La Corónica*, XI: 2 (1983), págs. 220-230 y 248-257 (y cf. abajo, n. 33); es desaconsejable, en cambio, el «Survey of Scholarship on the Scientific Treatises of Alfonso X, el Sabio» publicado ahí mismo, págs. 231-247, cuyas graves deficiencias se advertirán cotejándolo simplemente con la precisa información de J. Samsó, «Alfonso X y la Astronomía», en prensa en las Actas del coloquio sobre Alfonso X organizado por el Centro de Estudios Sociales en 1983. Con fecha de noviembre de 1982, ha comenzado a difundirse un útil *Noticiero alfonsí*, al cuidado de A. J. Cárdenas (Romance Languages, Wichita State University, Wichita KS 67208, EE.UU.). El 1984 del séptimo centenario verá la celebración de diversos congresos alfonsíes (Consejo Superior de Investigaciones Científicas, Universidad de Carleton, Universidad de Wisconsin...) de los que cabe esperar algunos resultados no fugaces.

tan, en particular, estudios de amplia perspectiva
que realcen sus grandes líneas de fuerza. Si en
mis «tres lecciones» procuré subrayarle unos cuantos supuestos intelectuales que me parecían importantes, dejé vírgenes muchos otros de no inferior
relieve. Interesado antes por las ideas motrices
que por la coloración literaria y lingüística de sus
formulaciones, poco o nada dije, por ejemplo, de
cómo el proceso a través del cual Alfonso parte
de una densa trama de referencias —clásicas, bíblicas, medievales— y llega a una comprensión
global de la realidad, diacrónica y sincrónicamente,
supone la articulación de un sistema de prosa y
unas pautas de estilo cuyo genial acierto se aprecia sin más que reparar en su vigencia durante dos
siglos largos.

Gracias a las aportaciones recientes, cabe ya in-
tentar con mejor esperanza los trabajos de conjunto que no rehúyan cuestiones como esa. Para
empezar, la edición de la *General estoria* marcha
ahora con pasos más seguros. Lloyd Kasten y John
Nitti han hecho accesible en microfichas la Parte IV, junto a los otros textos que juzgan salidos
del escritorio regio y junto a una fundamental concordancia de todos ellos [4]. La impresión de las
Partes III y IV se promete para 1985, y se ha

4. *Concordances and Texts of the Royal Scriptorium Man-
uscripts of Alfonso X, el Sabio*, Madison, Wisconsin, The
Hispanic Seminary of Medieval Studies, 1978, dos carpetillas
con 112 microfichas y un pliego suelto (en dieciseisavo) de
preliminares.

anticipado algún breve fragmento de la V en la transcripción del benemérito profesor Kasten [5]. A él se debe además un artículo que no se limita a señalar las huellas de Godofredo de Monmouth —según anuncia el título—, sino que ofrece muy exactas advertencias sobre la estructura de la obra alfonsí y su deuda para con los *Cánones crónicos* [6]. Sobre uno y otro punto, así como sobre varias rendijas para entrever los métodos compilatorios, arroja luz el puntual repaso de las fuentes acometido por Daniel Eisenberg [7]. El recurso a las *Etimologías*, al *Libro de los buenos proverbios* o a la *Historia de preliis* ha suscitado también esclarecimientos de detalle [8]. Margherita Morreale nos

5. Figura en la antología de la *Estoria de España* y de la *General estoria* preparada por B. Brancaforte, Madrid, 1984. Es válida la selección de trozos de la segunda (no así de la primera), pero el prólogo y las notas no pueden recomendarse.

6. Véase arriba, pág. 178, n. 24. Vuelvo a mencionar aquí el artículo, porque en 1972 me llegó cuando este libro estaba enteramente compuesto e impreso en buena parte; y, para poder citarlo, tuve que buscar sitio en las páginas finales, y no en el capitulillo «¿Una biblia historial?», como hubiera sido preferible. Doy ahora completa la referencia bibliográfica que tuve que abreviar en esa nota para ganar las líneas que necesitaba: G. Pinkernell, «Die Geschichte Ganymeds in der *General estoria* Alfons des Weisen. Eine Illustration mittelalterlicher Quellenbenutzung», *Romanistisches Jahrbuch*, XXI (1970), págs. 257-261.

7. «The *General estoria*: Sources and Source Treatment», *Zeitschrift für romanische Philologie*, LXXXIX (1973), páginas 206-227.

8. T. González Rolán, «San Isidoro de Sevilla como fuente de Alfonso el Sabio. Un nuevo texto de las *Etimologías* (L. XIV) en la *General estoria* (4.ª parte)», *Revista de filolo-*

ha dado impecables microscopías de la semántica
de ciertos pasajes o elementos tomados de la Biblia y ha rastreado la recensión de la Vulgata a
que se atienen [9] (pero sigue negándonos la sínte-

---

gía española, LXI (1981), págs. 225-233; J. K. Walsh, «Versiones peninsulares del *Kitāb ādāb al-falāsifa* de Ḥunayn ibn
Isḥāq. Hacia una reconstrucción del *Libro de los buenos proverbios*», *Al-Andalus*, XLI (1976), págs. 355-384; W. L. Jonxis-Henkemans, «The Last Days of Alexander in *General estoria* IV», en *Alexander the Great in the Middle Ages*, ed.
W. J. Aerts *et al.*, Nimega, 1978, págs. 142-169. Otras indicaciones se hallarán en D. Eisenberg, *loc. cit.* en la anterior n. 3
(donde se registran varias tesis inéditas). Véanse también los
trabajos de María Rosa Lida (de 1942-1943) que la autora
relegó a favor del artículo citado arriba, pág. 46, n. 3, pero
que Yakov Malkiel ha hecho bien en publicar póstumamente:
entre otros, «Túbal, primer poblador de España», *Ábaco*,
núm. 3 (1970), págs. 9-48; «Las infancias de Moisés y otros
tres estudios: en torno al influjo de Josefo en la literatura
española», *Romance Philology*, XXIII (1969-1970), págs. 412-
448; «En torno a Josefo y su influencia en la literatura española: precursores e inventores», *Studia Hispanica in honorem
R. Lapesa*, I (Madrid, 1972), págs. 15-61; *Herodes: su persona, reinado y dinastía*, Madrid, 1977.

9.   Vid. sólo «Una lectura de Sab. 2 en la *General estoria*:
la Biblia con su glosa», *Berceo*, núm. 94-95 (1978), págs. 233-
254; «Acerca de *sapiencia, sabencia, sabid(u)ría* y *saber* en la
IV[a] Parte de la *General estoria*», *Cahiers de linguistique hispanique médiévale*, VI (1981), págs. 111-122; «La *General
estoria* de Alfonso X como Biblia», *Actas del Séptimo Con-
greso de la Asociación Internacional de Hispanistas*, Roma,
1982, págs. 767-773. J. Menéndez Peláez vuelve a postular
una hipótesis ya planteada tiempo atrás sobre «Las biblias
romanceadas y su influencia en la *General estoria*», *Studium
ovetense*, V (1977), págs. 58-63; R. Lapesa, «Contienda de
normas en el castellano alfonsí», *Actas del Coloquio hispano-
alemán Ramón Menéndez Pidal*, Tubinga, 1982, págs. 172-190,

sis panorámica que sólo puede venirnos de su inmensa erudición). A propósito del relato de los amores de Dido, tratados en la *General estoria* y en la *Estoria de España*, Olga T. Impey ha ofrecido una excelente muestra de la adaptación por Alfonso de los materiales ovidianos, resaltando que su eficacia en tanto modelo se prolonga hasta la «'novela' sentimental» [10]. La influencia de nuestra crónica en Juan Alfonso de Baena y en Rodríguez del Padrón, en el Marqués de Santillana y en Juan de Mena, se ha hecho más notoria merced a las investigaciones del decenio pasado [11]; y esa tenaz perduración no sólo nos ilustra sobre rasgos

---

considera «factor importante» en el «arcaísmo de la *General estoria*» en cuanto a la apócope vocálica extrema «su deuda respecto a romanceamientos anteriores de la Biblia» (pág. 186). La prof. Morreale juzga que «los alfonsinos hicieron su propia versión de la Biblia sin incorporar los romanceamientos anteriores» (en *Actas...*, pág. 773).

10. «Un dechado de la prosa literaria alfonsí: el relato cronístico de los amores de Dido», *Romance Philology*, XXXIV (1980), págs. 1-27.

11. Cf. J. N. H. Lawrance, «Juan Alfonso de Baena's Versified Reading List: A Note on the Aspirations and the Reality of Fifteenth-Century Castilian Culture», *Journal of Hispanic Philology*, V (1980-1981), págs. 101-122; O. T. Impey, «Ovid, Alfonso X, and Juan Rodríguez del Padrón: Two Castilian Translations of the *Heroides* and the Beginnings of Spanish Sentimental Prose», *Bulletin of Hispanic Studies*, LVII (1980), págs. 283-297; C. De Nigris, «La *Comedieta de Ponça* e la *General estoria*», *Medioevo romanzo*, II (1975), págs. 154-164; M. A. Parker, «Juan de Mena's Ovidian Material: An Alfonsine Influence», *Bulletin of Hispanic Studies*, LV (1978), págs. 5-17.

y etapas relevantes de la cultura española —principalmente, en las vísperas del Renacimiento [12]—, sino también destaca singularidades constitutivas de la propia *General estoria*, comenzando por la fecundísima novedad que Menéndez Pidal calificó de «humanismo vulgar o románico» [13]

Claro está que los generosos enfoques que aún reclama la obra pueden y deben auxiliarse con otros estudios de fecha cercana que no versan sobre ella más que al sesgo o parcialmente. A decir verdad, el mayor peligro al respecto consiste en la atomización y en el deslinde de parcelas incomunicadas [14]. Por el contrario, la gran labor por

12. Aludo al tema en «Imágenes del Prerrenacimiento español: Joan Roís de Corella y la *Tragèdia de Caldesa*», en el *Homenaje a Horst Baader*, Frankfurt-Barcelona, 1984, páginas 15-27, y lo preciso en mi próximo libro *La invención del Renacimiento en España*.

13. «De Alfonso a los dos Juanes. Auge y culminación del didactismo (1252-1370)», *Studia... R. Lapesa*, I, págs. 63-83 (68). Vale la pena cotejar al respecto algunas observaciones de Giuseppe Billanovich, «Letre strade: trovatori, classici, enciclopedie», *Italia medioevale e umanistica*, XIX (1976), págs. 89-102.

14. Es lástima, así, que incluso una empresa tan formidable como la citada en la n. 4 peque en ese sentido, al no transcribir las figuras ni las tablas numéricas de los libros de astronomía: la edición, pues, sirve de poco a la historia de la ciencia y a quien se proponga reconstruir detalladamente las aportaciones de Alfonso; porque en esas tablas, sin ir más lejos, pueden sedimentarse los resultados del primer observatorio europeo... (Compárese sencillamente J. Vernet, ed., *Textos y estudios sobre astronomía española en el siglo XIII*, Barcelona, 1981.) O bien nótese qué substancial deformación implica reducir la astrología del Rey a los textos castellanos, desdeñando los latinos, árabes y aun franceses. Porque ciertamente

delante es identificar las claves unitarias de la teoría y la práctica del Rey. Hacia ahí va una preciosa indagación de don Rafael Lapesa, quien señala en el madrugador *Setenario* —iniciado por Fernando III— raíces solidísimas de toda la producción alfonsí [15]. Charles Faulhaber nos ha orientado provechosamente en cuanto a las doctrinas retóricas que la arropan [16], mientras las afirmacio-

---

es empobrecedor el punto de vista manifiesto cuando se escribe, por ejemplo, que «the *Picatrix* [was] not published until 1978» (*La Corónica*, XI, pág. 231): aparte el hecho de que el Reginense lat. 1283 *no* contiene el *Picatrix* y aparte que una porción de ese códice Vaticano andaba de molde desde veinte años antes (aunque en edición insatisfactoria), una afirmación como la citada significa que no se toma en cuenta para comprender a Alfonso la multitud de monografías dedicadas últimamente a la riquísima tradición que arranca del *Picatrix* latino, no menos alfonsí que el romance y del cual se han publicado importantes extractos (V. Perrone Compagni, «*Picatrix latinus*. Concezioni filosofico-religiose e prassi magica», *Medioevo*, I [1975], págs. 237-337, con irreprochable información; cf. alguna otra referencia en A. D'Agostino, *Il «Libro sulla magia dei segni» ed altri studi di filologia spagnola*, Brescia, 1979, págs. 21-91). Con lo cual no quiero decir que cada estudioso no sea libre de acotar su propio terreno y no pueda hacer contribuciones relevantes sin salir de él: más bien destaco la necesidad de trabajar haciéndose cargo de las exigencias de los investigadores de otros campos y no recortando arbitrariamente en pedazos el universo intelectual del Rey.

15. «Símbolos y palabras en el *Setenario* de Alfonso X», *Nueva revista de filología hispánica*, XXIX (1980) [1983], págs. 247-261; y como prólogo a la reimpresión del *Setenario*, ed. K. H. Vanderford, Barcelona, 1984.

16. *Latin Rhetorical Theory in Thirteenth and Fourteenth Century Castile*, Berkeley, 1972; complementos en «Las retóricas hispanolatinas medievales (siglos XIII-XV)», *Repertorio*

nes de orden lingüístico han sido inventariadas por Hans-Josef Niederehe [17]. La atención que Rafael Gómez Ramos ha prestado a Alfonso como restaurador de monumentos y propulsor de la arquitectura y las bellas artes [18] nos pone ante los ojos, hechas «maravillas concretas», nociones y actitudes que habíamos percibido o barruntado sólo en los textos: es suficiente contemplar las vidrieras de la catedral de León para entender mejor la *General estoria*.

Hay que confiar en que los datos y las sugerencias de esos y otros trabajos similares favorezcan nuevos *approaches* que iluminen a la vez las vetas esenciales de nuestra crónica y el continuo de la actividad cultural del Rey. Por mi parte, aun sin cambiar los temas de mis «tres lecciones» ni añadirles el «ensayo» proyectado, hoy hubiera podido beneficiarme, para algunos pormenores, de una

---

de historia de las ciencias eclesiásticas en España, VII (1979), págs. 11-64.

17. *Die Sprachauffassung Alfons des Weisen*, Tubinga, 1975.

18. *Las empresas artísticas de Alfonso X el Sabio*, Sevilla, 1979. Por desgracia, Gómez Ramos no se fija en iniciativas tan interesantes para nosotros como las relativas al Acueducto de Segovia (*supra*, págs. 42-43, n. 12, y 119-120), el enterramiento de Bamba (referencias en mi pág. 39, n. 7) y el sepulcro del Cid (1272), con el revelador epitafio latino que a las tres «matières» arquetípicas —«de France, de Bretagne ou de Rome la Grant»— les suma una cuarta 'materia de España' (cf. F. de Berganza, *Antigüedades de España*, I [Madrid, 1719], páginas 544-545).

serie de contribuciones bibliográficas. Las pertinentes a «La tradición de la historia universal» —por no ir más allá de mi nota 1— se han multiplicado prolíficamente desde 1972 [19], pero sin obligarme a enmendar nada en mi texto de entonces [20]. Las rápidas páginas que dediqué a esa

19. En ese mismo año salía la refundición (*The Grand Design of God: The Literary Form of the Christian View of History*, Londres, 1972) del libro de C. A. Patrides al que yo enviaba en la aludida n. 1, pág. 15 (aunque con el nombre del autor desfigurado por una errata). En su día se me escapó A.-D. Von Den Brincken, *Studien zur lateinischen Weltchronistik bis in das Zeitalter Ottos von Freising*, Düsseldorf, 1957, con buenas indicaciones sobre España. Menciono ahora sólo el prontuario de K. H. Krüger, *Die Universalchroniken*, Turnhout, 1976 (con información sobre muchas cuestiones tratadas en mi libro); la monografía, poco jugosa, de M. Haeusler, *Das Ende der Geschichte in der mittelalterlichen Weltchronistik*, Colonia-Viena, 1980; las estimulantes interpretaciones del ensayo —un tanto 'joaquinita' en su diseño— de Josep Fontana, *Historia: análisis del pasado y proyecto social*, Barcelona, 1982, págs. 29-40, 272-276 (está en prensa una segunda edición revisada); y los *Zwei Beiträge* al *Grundriss der romanischen Literaturen des Mittelalters* que H. U. Gumbrecht ha adelantado en forma provisional, Witten-Bochum, 1981-1982: «Die kaum artikulierte Prämisse: volkssprachliche Universalhistorie unter heilsgeschichtlicher Perspektive» y «Menschliches Handeln und göttliche Kosmologie: Geschichte als Exempel». Para España, vid. además la síntesis de M. Coll i Alentorn, «Les cròniques universals catalanes», *Boletín de la Real Academia de Buenas Letras de Barcelona*, XXXIV (1971-1972), páginas 43-50.

20. Otro tanto ocurre con la mayoría de los asuntos rozados por mí más o menos incidentalmente. En la n. 13 de la pág. 132, por ejemplo, habría que citar los espléndidos volúmenes de P. Courcelle, *«Connais-toi toi-même» de Socrate à Saint Bernard*, París, 1974-1975; pero el texto en sí no precisa retoques. Si ya en su momento la bibliografía era meramente

tradición en la Hispania pre-alfonsí se habrían extendido ahora ligeramente para acoger algunas sugerencias de Abilio Barbero y Marcelo Vigil [21], a quienes se deben valiosas observaciones sobre la ideología de las crónicas primitivas, la importancia de los cómputos «para dar un sentido de conjunto a los hechos históricos y al proceso histórico en general» (pág. 255) [22], las implicaciones 'políticas' de la *Albeldense*, etc., etc. (Entre paréntesis: la coincidencia de Barbero y Vigil con ciertos planteamientos míos a propósito de Alfonso X debiera hacer recapacitar al grande y equivocado amigo Josep Fontana, cuando juzga la *General estoria* como «fruto totalmente anacrónico, por inútil desde un punto de vista social». ¡*Sic*!) Sobre la historiografía temprana son también imprescindibles muchas consideraciones de don Manuel C. Díaz y Díaz [23]. Por el contrario, más cerca de Alfonso, el Tudense y el Toledano siguen increíblemente olvidados; y, en relación con mi capítulo

---

indicativa, sería absurdo querer completarla y actualizarla a estas alturas.

21. *La formación del feudalismo en la Península Ibérica*, Barcelona, 1978.

22. A mi pág. 21, n. 6, añádase en especial A. A. Mosshammer, *The Chronicle of Eusebius and Greek Chronographic Tradition*, Londres, 1979.

23. «La transmisión textual del Biclarense» y «La historiografía hispana desde la invasión árabe hasta el año 1000», ahora en su libro *De Isidoro al siglo XI. Ocho estudios sobre la vida literaria peninsular*, Barcelona, 1976, págs. 117-140 y 203-234.

inicial, lamento sobre todo que falte incluso un sucinto análisis del *Breviarium historiae catholicae* de Jiménez de Rada (cf. pág. 47 y n. 7).

El apartado «Alfonso X y Júpiter» (págs. 97-120) podría dilatarse en más de un punto. La explicación del modo en que «el rey faze un libro» (pág. 98) se presta a mayores precisiones a la luz de la doctrina corriente sobre la «triplex... causa efficiens» de la Biblia [24] o de paralelos como la declaración de que el Abad Oliba ejecutó personalmente («construxit ..., sculpsit ...», etc.) el Propiciatorio de Cuixà «manibus artificum» [25]. Las reflexiones sobre la realeza y los desahogos contra los vasallos rebeldes, donde verosímilmente se trasluce la intervención directa de Alfonso, resultan más inteligibles si se cotejan con otros testimonios convergentes [26]. Convendría examinar despacio si el sueño o «fecho del Imperio» se hace presente en la génesis y estructura de la *Estoria de España* en la medida que con agudeza defiende Charles B. Fraker [27]. En la Parte IV de la *General*

24. Así, San Buenaventura comprueba que el autor del Libro de la Sabiduría es Dios «per modum inspirantis»; Salomón, «per modum invenientis»; y Filón, «per modum compilantis» (*Opera omnia*, VI [Quaracchi, 1893], pág. 108).

25. *Apud* A. M. Albareda, *L'abat Oliba*, Montserrat, 1972², pág. 262.

26. Por ejemplo, los que proporcionan J. Gimeno Casalduero, *La imagen del monarca en la Castilla del siglo XIV*, Madrid, 1972, págs. 24-45, y J. L. Bermejo, «Principios y apotegmas sobre la ley y el rey en la baja Edad Media castellana», *Hispania*, núm. 129 (1975), págs. 31-47.

27. «Alfonso X, the Empire and the *Primera crónica*»,

estoria, en cualquier caso, el Rey vuelve a recordar su entronque con los emperadores, ya no a partir de Júpiter y Alejandro (arriba, págs. 113-115), sino de Nemrod:

> Onde es de saber que Nemproth fue el primero rey deste mundo... Del linnage deste rey Nemproth uinieron los reys de Ffrancia et los emperadores de Roma. Et de los emperadores de Roma et dessos reys de Ffrancia por linna uino la muy noble sennora reýna donna Beatriz, mugier que fue del muy noble et muy alto sennor et sancto don Ffernando, rey de Castiella et de León, padre et madre que fueron del muy noble et muy alto rey don Alfonso que fizo fazer estas estorias et muchas otras (fols. 251 vo.- 252) [28].

Es llamativo que los *gestae et vitae sanctorum* (¿1256-1260?) de Bernardo de Brihuega, preparados por encargo de Alfonso y bajo celosa supervisión suya, se organicen «secundum ordinem successionis imperatorum, priores videlicet posterio-

---

Bulletin of Hispanic Studies, LV (1978), págs. 95-102; «The *Fet des Romains* and the *Primera crónica general*», *Hispanic Review*, XLVI (1978), págs. 199-220.

28. Cf. W. L. Jonxis-Henkemans, art. cit. (en la n. 8), págs. 164-165; y compárese M. Morreale, en *Zeitschrift für romanische Philologie*, XC, pág. 399, n. 11, sobre Octaviano y Saturno en la Parte VI. La edición en microficha de la Parte IV conserva la foliación del Urbinense lat. 539 de la Biblioteca Vaticana.

ribus preponendo» (e introduciendo a menudo sincronismos análogos a los de nuestra obra; vid. *supra*, pág. 60), hasta llegar a Federico II († 1250) y «usque ad tempora ... Alfonsi» o, si se prefiere, «usque ad tempus in quo ... Alfonsus ... imperatorem electum extitit Romanorum»[29]. Como sea, la compilación del Briocano ha de ponerse en las raíces de la *General estoria* (nos consta que Alfonso se ocupaba «in cronicis» ya en 1250; cf. pág. 36) y en estrecha vinculación con la Parte VI, donde entraban copiosamente «los fechos ... de los sanctos»; y, por cuanto alcanzo, el de Bernardo es el único nombre que cabe incluir con una relativa seguridad entre los colaboradores o 'artífices' del *magnum opus* alfonsí.

Al igual que la *translatio Imperii*[30], la *translatio studii* se esclarece en algún aspecto gracias a los materiales hoy accesibles. Así, la Parte IV (fol. 193) acepta de buen grado el expediente de Lucas de Tuy, quien, haciendo «de Espanna» a Aristóteles, reivindicaba para la Península una posición privilegiada en la trayectoria del saber[31]:

29. Vid. M. C. Díaz y Díaz, «La obra de Bernardo de Brihuega, colaborador de Alfonso X», *Strenae ... al profesor M. García Blanco*, Salamanca, 1962, págs. 145-161; M. Martins, S. J., *Estudos de cultura medieval*, II (Braga, 1972), págs. 105-285.

30. La bibliografía dada en la pág. 112, n. 25, puede ampliarse en K. H. Krüger (págs. 25-26) y en los restantes títulos citados en la n. 18.

31. Véase arriba, págs. 26, n. 13, y 164, n. 24.

Andados treýnta e tres annos de Artaxerses Assuero, auié Aristótil dizeocho annos que nasciera. Et era estonces disciplo de Platón et aprendié déll. Deste Aristótil, que fue el más sabio omne del mundo [cf. arriba, pág. 155], dize don Lucas de Tuy, en el capítulo do fabla de las razones deste rey Artaxerses Assuero et de las que acaescieron en el so regnado, que este Aristótil, que fue después el mayor filósopho que de omne et de mugier nasciesse, que natural fue de Espanna la de occident, et aun dizen algunos que de tierra de Portogal, et que con el muy grant sabor de aprender los saberes, salió moço de su tierra et fuesse para Grecia. Et allí oyó et aprendió fasta que floreció en muchos saberes. Et maguer que fue muy grant clérigo en muchos saberes, peró, aquello por que él por mayor se mostró fue en la dialéctica et en la metaffísica. Et esto assí lo departe don Lucas en cabo de las sus razones, et otros sabios muchos que fablan mucho de las sus razones de Aristótil [32].

Por cuanto he podido ojear (que no hojear) en la Parte IV, son noticias sueltas por el estilo de las dos recién transcritas las que mayormente permitirán complementar los temas específicos de mis «tres lecciones». No hay que esperar, a lo que alcanzo, vuelcos comparables a los registrados a cuenta de las *Partidas*, cuya atribución a Alfonso

32.   Cf. el libro citado en la anterior n. 17, pág. 155, aunque el comentario es de corto vuelo.

y cuyo sentido cabal se han hecho más problemáticos tras el nuevo estudio de A. García Gallo [33]. Pero nada sobre la *General estoria* podrá darse por adquirido, en tanto no se termine la publicación de las partes inéditas y en tanto más investigadores no se sientan atraídos a ahondar en ellas. El presente librito tal vez pudiera seguir teniendo alguna justificación si les recordara que los imprescindibles trabajos de detalle han de apuntar también a una última mira «general e grand».

Aldeamayor de San Martín,
18 y 19 de febrero de 1984

33. «Nuevas observaciones sobre la obra legislativa de Alfonso X», *Anuario de historia del derecho español*, XLVI (1976), págs. 609-670. Cf. R. A. MacDonald, «Progress and Problems in Editing Alfonsine Juridical Texts», *La Corónica*, VI: 2 (1978), págs. 74-81, y VII: 2 (1979), págs. 119-120. Otras cuestiones, con frecuencia de mucho interés, en A. Iglesia Ferreirós, «Alfonso X, su labor legislativa y los historiadores», *Historia, instituciones, documentos*, IX (1983), páginas 1-104.

ÍNDICE

Impreso en el mes de abril de 1984
Talleres Gráficos DUPLEX, S. A.
Ciudad de la Asunción, 26
Barcelona-30